ラベルワーク
×
グループワーク
でできる!

生徒が「参画する」学級のつくり方

西林慶武 著

明治図書

Prologue

この本を書き始めたのは，新型コロナウィルスという未知の感染症との闘いの中で，学校，社会，世界全体が前代未聞続きの状況に陥った頃でした。

2020年の６月。学年主任として中学３年生の担任をしていた私は，生徒たちと３か月ぶりに学校生活を再開しました。緊急事態宣言による休校後，生徒たちは戸惑いながらも少しずつ日常生活を取り戻しているように見えましたが，世の中の状況を敏感に感じ取り，それぞれの想いを心の中に押し込めているようでした。「世界中が大変なことになっている今，自分たちの想いや願いを口に出してはいけない」という雰囲気が学校と彼らを支配していました。学校行事も部活動の大会も，縮小や中止を余儀なくされ，ソーシャルディスタンスという名の「分断」が，それまでの学校には当たり前であった，友達や先生との「関わりあい」や「心のふれあい」を排除していきました。そしてその風潮は，諦めとともに学校現場を侵食し続けている気がします。

それ以前から，参画ツールを用いた学級づくりに手応えを感じていた私は，人間同士の関係が希薄になっている今の社会や学校にこそ，自分たちの生活や学びの場づくりに関わる意識が大切になると感じていました。「ラベルワーク」と「グループワーク」を両輪にした参画的な学級づくりには，生徒の集団への参画力を高め，お互いが信頼しあえる学級をつくる力があります。また，一人ひとりの生徒たちに自分たちを俯瞰して捉える力をつけるのはもちろん，これからの社会で求められる他者と協働して学びあうという力を身につけられます。

このことは，近年求められている「協働的な学び」や「主体的・対話的で深い学び」を実施するためには，生徒同士が協力して学習するという集団づくりに，生徒が自ら参画するという発想が不可欠であるということとつながっていると思います。

私の場合は，大学の教職課程で学んだ「参画授業」というモデルがあったのと同様に，まとまりのある学級をつくる先生がたには，実践や経験にもとづくセオリーがあり，その手法に沿って学級をつくられています。しかしながら，担任経験の少ない教師が「生徒たちが主体的に学級づくりに関わるような，学級経営や集団づくり」をしたいという想いを持っていても，それらの手法について，じっくりと学ぶ機会を確保することは非常に難しい状況です。もちろん，学校現場でも OJT を活用して学級経営の手法や哲学を後進に伝えるように言われています。しかし，ほとんどの教員が，毎日の授業や膨大な分掌業務，そして生徒指導や保護者対応に追われている状況では，学級担任の手法をまとめ，その魅力を伝える余裕などありません。

このような状況のもと，若手の先生がたの中には，担任としてもがき苦しみ，少しずつ学級担任の情熱が冷めつつある人もいるのではないでしょうか。我々ミドルリーダーと呼ばれる教師が学生だった頃よりも，ずっと場づくりの必要性が高まっているにもかかわらず，具体的に集団づくりや学級づくりを成功させるツールや成功術を持っている先生がたが少ないというのは，教師にとっても生徒たちにとっても不幸なことだと思います。

本書では，日頃から大変お忙しい先生や，参画理論について全くご存じない先生でも実践できるように，生徒たちが学級づくりに参画するツールや手法を，活用場面ごとにまとめました。本書が，生徒と共にすてきな学級をつくりたいという先生のもとに届き，生徒同士や教師と生徒のお互いを高めあえる学級づくりのヒントになることを願ってやみません。

末筆になりましたが，参画理論を教育現場に活用する方法についてご教授くださった林義樹先生をはじめとする参画文化研究会の皆様，たくさんの示唆をくださる上山晋平先生，全国の英語教師の皆さん，そして，参画的な学級づくりに理解を示し，協力してくださった同僚の皆さんと，自分たちの学びの場づくりに参画し，たくさんの感動を共感してくれた生徒たちに感謝いたします。

2023年３月

西林慶武

Contents

第5章 意欲的に学びあう集団をつくる参画ツール

第6章 参画的な学級の締めくくり

＊本書タイトルには，以下のマークで，使用する参画ツールの種類を表しています。
■：ラベルワーク　●：グループワーク　▲：参画意識

第1章

参画型教育の基礎知識

001
生徒が参画する学級づくりとは？

●そもそも参画とは？

「参画」という言葉には「事業や政策などの計画段階から関わること」という意味がありますが，実際にはあまり馴染みがないという方も多いかもしれません。しかしながら近年，「男女共同参画社会」や「社会参画」などの言葉を耳にすることが増えたことからもわかるように，積極的に社会に関わっていくことが，これからの時代を生きる子どもたちにも求められています。背景としては，テクノロジーの発展や新型コロナウィルス感染症のパンデミックを受け，人と人とのつながりや，学習と生活の場づくりの意識が，希薄になってきていることが挙げられます。

このことを，生徒たちが１日のほとんどの時間を過ごす学校生活，特に学級での生活に当てはめると，これからは生徒たちが行事や学級づくりへ積極的に関わることが求められているということになります。

参画＝物事の計画段階から関わること
↓学校現場に当てはめると？
生徒が学級づくりや行事の計画段階から関わること

生徒たちが，学校生活に参画するという意識は，自分たちの生活や学習の場づくりに主体的に関わる姿勢や，行事に意欲的に取り組む場面などで大きな力を発揮します。これからの学校や社会では，自分たちが生活する場づくりについて学び，積極的に参画することが求められていると思うのです。

●生徒が学級に参画するとはどういうことか

生徒が自分たちの学級活動や行事の取り組みに参画するということは，生徒自身が，計画段階から主体的に活動や取り組みに関わっていくということになります。

当然ながら，生徒に全て任せるといって，生徒に丸投げして教師が何も指導せずに放任しても生徒は学級に参画するようにはなりません。人間関係が希薄な生徒たちは，行事や日常生活を通して，学級の団結力を高めた経験がほとんどありませんので，教師が集団を成長させる見通しを持って，生徒同士が関わりあう仕掛けをつくる必要があります。逆に，一部の生徒や教師の熱い想いや盛り上がりだけでも，参画的な学級にはなりません。大切なのは，学級全ての生徒に学級の中での居場所があり，安心して自分の想いや気持ちを表現できる環境づくりをめざすということです。

もちろん，40人もの中学生全員にとって，居心地のよい空間をつくりあげるのは至難の業ですし，参画の手法を用いたらすぐに学級がまとまるというわけではありません。しかし，学級づくりや行事などの際に，適切なタイミングで参画の手法を取り入れ続けることで，生徒一人ひとりが自分たちの生活と学習の場づくりに積極的に関わり，集団としてみるみるまとまっていく様子を目にすることができるようになります。

学級づくりや学級活動の時間は，教科の時間と比べると重要視されることが少ないかもしれません。しかし，生徒が学級に参画するということは，授業はもちろん行事などへ関わる生徒の意識や姿勢を向上させます。そして，生徒たちを学びや生活の場づくりに巻き込んでいくヒントが，参画の手法にはたくさん詰まっているのです。まずは，参画理論について少しだけ説明するとともに，参画の考え方やツールが学級づくりの中でどのような効果があるのかについて紹介していきたいと思います。

002 参画の発想が学級づくりで効果を発揮する理由

●教育現場に参画が求められている背景とは？

改訂された生徒指導提要には，「学級・ホームルーム経営において，児童生徒の発達を支えるという視点が重要であり，自発的・自治的な活動を通して，お互いを尊重し合い，よさや可能性を発揮し合えるような学級・ホームルーム集団になることで，個々の児童生徒の自己有用感や自己肯定感を育成」することの重要性が示されています。このような学級は，参画理論を学級づくりに取り入れることで，自然と実現することが可能になります。

参画的な学級の持つイメージは，生徒一人ひとりが有機的に結びつき，班やグループの中で積極的に活動に取り組んだり，全体に影響を与えたりするというものです。そして学校や学級は，生徒一人ひとりがお互いに尊重し，協働しあいながら集団・社会の形成者として参画する力を身につける場として挙げられているのです。

しかし，多くの生徒たちが学校や教師の指示に従うだけでよいと考えることや人間関係が希薄な友達付き合いしか知らないという状況から，突然「主体的に学級づくりに取り組みなさい」とか，「友達と積極的に関わりなさい」と言われても，どのようにすべきかのイメージは湧きません。このことは，学級を担任する教師にとっても同様です。いくら教師が，生徒が主体的に参画する学級の素晴らしさを理解していても，実際に理想的な学級をどのようにつくっていくべきかの手法を知らなければ，生徒たちへ伝えていくことも，イメージを具現化することも不可能です。だからこそ，参加者が積極的に場づくりや自らの学びに関わる「参画」の発想を理解し，その手法を教育現場に上手に取り入れて，さらに生徒にその力を身につけることが求められているのです。

●参画理論を学級づくりに取り入れることの効果

今学校には，「生徒自ら主体的に学習に取り組む姿勢」や「他者を尊重し，多様な人と協働しながら学ぶ力」を身につけることが求められています。社会へ参画する生徒を育てるためには，生徒一人ひとりに学習の基礎となる資質・能力を身につけることが求められており，特に重要な力として「言語能力，情報活用能力，問題発見・解決能力」の３つが示されています（出典：中学校学習指導要領（平成29年告示）解説　総則編）。

ここで，「資質・能力の育成に特に重要な３つの資質・能力」と「参画理論による能力の活用・育成場面」には共通点があることに気づきます。つまり，我々教師が参画ツールを学級づくりに取り入れることで，生徒一人ひとりに，これらの資質・能力を自然と身につけることが可能になります。

重要な資質・能力	参画理論における能力の活用・育成場面
言語能力	グループワークを通し，情報を取り出す，考えをまとめる，想いを伝える，目的を共有して協働する
情報活用能力	情報（ラベル）・技術（ラベルワーク）を活用して，問題を発見・解決，考えを形成する
問題発見・解決能力	集団・学級づくりに意欲的に参画することで，問題を見出し，解決方法を探して，計画を立て，実行し，振り返って次の問題発見・解決につなげていく

参画理論に基づく参画ツールや手法は，どれも手軽に取り入れることができるうえに，その効果を教師も生徒もすぐに実感できます。参画の手法やツールは，生徒を中心に据えた学級をつくりたいと考えたり，日々の学級経営で悩んだりしている先生のヒントになること間違いなしです。

003

生徒が参画するための３つのステップ

●１st ステップ「参集」段階

この本で紹介している参画理論のほとんどは，林義樹編『ラベルワークで進める参画型教育　学び手の発想を活かすアクティブ・ラーニングの理論・方法・実践』（ナカニシヤ出版）に拠っています。

大人であっても，最初に集団ができた頃には，お互いに遠慮しあい，気まずい雰囲気になることが多いと思います。このような，ただ人が「いあわす」状況を「参集」と呼びます。学校でいえば，学年の最初の頃で，まだお互いの名前もわからなければ，好みも性格も知らないという状況です。

しばらくするといくつかのグループができ，知り合いから友達へと発展していきます。いささか個人的な考えかもしれませんが，学校で行われる行事の一番重要な目的は，行事を通して生徒同士が関わりあい，烏合の衆の「参集」状態から，一緒に何かを行える集団になることだと考えています。

●２nd ステップ「参与」段階

参集段階から参与段階に進むためには，学級の当番活動や役割分担，そして行事などが効果的です。これらのシステムは，生徒一人ひとりに帰属意識を生むとともに「誰かと関わる」という意識を芽生えさせます。しかし，この状況はそれぞれの「集団」が独立していることが多く，お互いに密に関わりあい，学級づくり全体へ取り組んでいるとは言えない状況です。新型コロナウィルス感染症の拡大防止のため，多くの行事が中止になって，生徒同士が関わる機会が減っている状況では,「参与」段階に留まっている学級が急増したと思います。

学級運営が,教師または一部の生徒たちによるリーダー集団の指示や協力のもとに行われている参与段階の学級はよく見かけることがあります。このような学級は,「個人」や「集団」それぞれの想いがわからないので,リーダーが学級づくりに自信を持って関われず,まとまりに欠けた状況が続きます。さらに学級内のトラブルで集団への求心力が失われたり,集団への諦めの気持ちが強くなったりすると,せっかく参与段階になった学級でも参集段階に後退することも少なくありません。そればかりか,集団への求心力がなくなるということは,生徒たちが自己中心的なことをし出すことにつながりますので,ギスギスした学級や,生徒に指導が入らない,いわゆる学級崩壊状態に陥ることもあります。こうなってしまうと,リーダーの生徒たちも諦めてしまうので,学級の成長が止まってしまいます。

●3rdステップ「参画」段階

「参画」段階の学級とは,学級全員の居場所があり,生徒一人ひとりの考えや想いが,学級全体に作用し,教師と生徒の立場を尊重しあえる学級だと考えています。

しかし,「やらされている」参与段階の学級が,「自分たちで担いあう」参画段階にまで進むためには,集団が飛躍するための仕掛けが必要になります。行事や毎日の生活を通して,学級がまとまるために必要な要素を自分たちで獲得することにより,学級集団は少しずつ参画的な集団へ成長していきます。大切なことは,参画という言葉が意味するように,生徒たち自身が学級のまとまりを実感し,学級づくりに自主的に取り組んでいく仕掛けをつくっていくことです。生徒たちが自信を持って学級づくりに意欲的に関わっていくように,教師が仕掛けをつくれるかどうかが,学級が参与段階に留まるか,参画段階にまで高まるかを分けると言えます。

004

学級が参画段階に到達するための２つの飛躍（ジャンプ）

●参画的な学級をつくる意義

私自身，初めて担任をした頃には，生徒になめられないように厳しく指導をして，決して教師に逆らわないようにしなければと，生徒指導の意味を勘違いしていた時期もありました。しかし，生徒を抑え込んだり，排除したりする指導により，バラバラになってしまった学級は，あちこちから問題が噴出し，教師の指導が追いつかない状況に陥ります。そうなってしまうと，集団の力がないため，教師が力づくで抑え込むことは相当難しくなります。

だからこそ，日常生活はもちろん，授業や学校行事で，生徒同士の心をつなげ，お互いを信頼する気持ちを高める必要があるのです。そうすることで，一部の生徒の生活が崩れかかっても，それを受け止め支え合い，時には注意しあえる集団が生まれます。教師が常に大きな声をあげて指導したり，指導を聞き入れない生徒を疎外したり，自分のことばかり考える学級王国をつくっても，教師と生徒や生徒同士が本当の意味で結びつく集団はつくれません。

●「参画」までの３段階とそれを推進する「飛躍」

次の図は，生徒たちが学級の集団づくりに自ら参画する段階に到達するまでのステップを示したものです（林義樹，前掲著参照）。「参集」→「参与」→「参画」のそれぞれの段階に到達するためには，２つの飛躍があることに気づくと思います。先にも述べたように，参与段階に到達した学級が，人間関係のトラブルなどが原因で，参集段階に後退することはあっても，何もせずとも高次の段階に飛躍することはなかなかありません。つまり，学級集団をステップアップさせるためには，生徒一人ひとりや，学級集団が飛躍を遂げるための動力と仕掛けが必要になるということです。

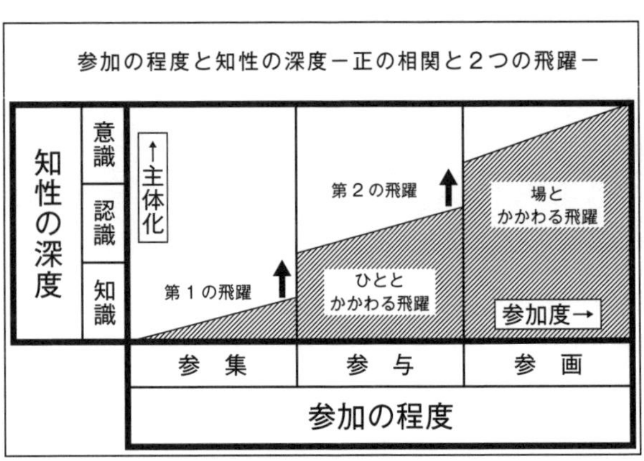

参加の程度と知性の深度－正の相関と２つの飛躍－

知性の深度　意識　認識　知識
↑主体化
第１の飛躍
第２の飛躍
ひとと かかわる飛躍
場と かかわる飛躍
参加度→
参集　参与　参画
参加の程度

●飛躍を生み出す「参画力」を構成する４つの動力

生徒たちが，自分たちの生活や学習の場づくりに関わるようにするためには，生徒一人ひとりと集団の両方に，人格力・組織力・現場力・情報力の４つのエンジンからなる参画力をつける必要があります。

①人格力：リーダーを中心に，個々の人格やラベルを尊重しあう動力
②組織力：グループワークや学級組織で，集団へ貢献する動力
③現場力：自分たちの学びや生活の場づくりへ関わる達成感と動力
④情報力：ラベルやラベルワークで個々の情報の普遍性を高める動力

林義樹編『ラベルワークで進める参画型教育　学び手の発想を活かすアクティブ・ラーニングの理論・方法・実践』著者一部改

参画力とは，一人ひとりと集団が，個々の人格力を発揮し，グループワークやラベルワークなどの参画ツールの力を活用して，自分たちで自分たちの学級をより良いものにするよう関わっていくことだと考えています。様々な場面で，４つの動力が作用しあい学級が飛躍する仕掛けをつくることが大切です。

005 生徒一人ひとりを大切にするラベルの活用

●学級の参画力を推進するラベルとは？

参画力の１つである情報力を高めるラベルには，活動への意気込みや感想，生徒自身が考えたことや感じたことなど，自分の胸の中にある想いを自由に書かせる効果があります。授業や学級活動などの様々な場面で活用することができますが，まずは，参画型ラベルの特徴と活用法について紹介します。

文具店に行くと様々なサイズのラベルを見つけることができます。スペースに限りがあったほうが，端的に内容を書くことにつながりますので，用途に合わせて，Post it にするのか，Ｂ６やＡ５サイズの紙片にするのか決めるとよいでしょう。また，ラベルは書いた人間の大切な想いそのものですから，必ず名前を書くように指示します。実は，ラベルを大切にするという発想は，ラベルの書き手一人ひとりを大切にすることにつながります。

参画文化研究会が開発した多機能ラベルは，１枚目に記入すると２枚目，３枚目にも複写されるうえに，黄色・ピンク・白（裏面シール付き）のラベルになっているので，自分の保管用・教師への提出用・リーダーや友達との交流用の３枚がつくれ，手間なく情報を共有することができます（一般社団法人参画文化研究会 https://sankaku.org)。

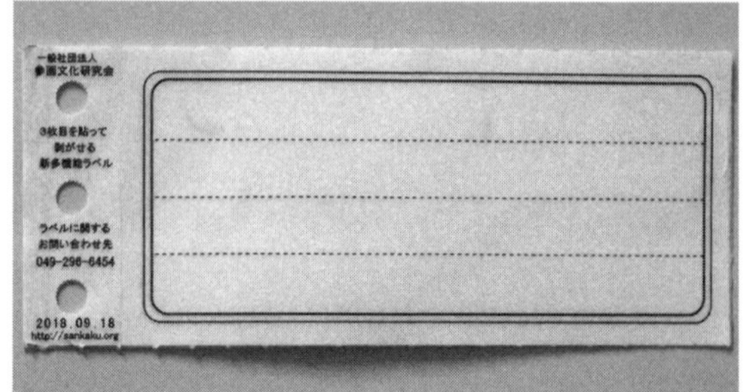

●ラベルを大切にすること＝生徒一人ひとりを大切にすること

参画型ラベルは，もともとKJ法の流れを汲んでいることもあり，情報の整理や新しい発想をつくり出すことに長けています。しかしながら，いかにアイデアづくりに長けているとはいえ，やはりそれぞれのラベルが持つアイデアや想いに力がないと，よい発想は生まれません。まずは，一人ひとりの書くラベルには，書き手の想いや優れたアイデアが込められているということを生徒たちに伝え，ラベルを大切にすることは，生徒一人ひとりを大切にすることにつながっていくことを理解させることが大切です。

多感な時期を生きる生徒たちに「自分の素直な気持ちをラベルに書こう」と訴えても，なかなか本心を書けないばかりか，自分の書いた内容が，周りの友達にどのように受け止められるかを心配して，本心を表すことを躊躇することはよくあることです。ラベルを書く前に，書いたラベルをどのように扱うかについても伝えておくと，生徒たちも安心して自分の想いを書くことができます。もちろん，ラベルを書くことを繰り返す中で，生徒たちが安心して自分の気持ちや想いを表現する雰囲気をつくっていくことが重要であることは，言うまでもありません。

【ラベルの種類と活用場面】

ラベルの種類	書く内容	活用場面
意気込みラベル [Post it 小サイズ]	取り組み開始時の決意や意気込みなど	学級通信などで交流
振り返りラベル [Post it 小サイズ]	取り組みの振り返りや反省・感想など	振り返りシート 足跡シート
アイデア＆アンケートラベル[A5/B6サイズ]	アイデアやアンケート 自分の意見など	学級目標 特別の教科　道徳など
コメントラベル [Post it カードサイズ]	生徒同士のコメントや仲間への想いなど	スピーチ交流や寄せ書きシートなど

006

参画的な学級をつくるラベルの種類と活用法

●参画型ラベルの種類と活用法

A．意気込みラベル：Post it 小サイズ

学級や取り組みが始まる第１回目の冒頭に生徒に書いてもらうラベルです。単純に「今の意気込み」というテーマで書かせてもよいですが，ラベルを書かせる前に教師が自分の想いを伝え，意欲的に取り組むことの素晴らしさや，集団全体のゴールを明確にした後でラベルに書かせると，より前向きな内容のコメントが増えます。

B．振り返りラベル：Post it 小サイズ

毎日の生活の振り返りや自分たちの取り組みの足跡づくりに有効なのが，「振り返りラベル」です。様々な場面で活用することができますが，私が最も効果を感じているのが，体育祭や合唱祭などの練習時間後にラベルを記入させ，自分自身の活動の振り返りはもちろん，学級全体にも自分の振り返りを関わらせるという活用法です。生徒たちは自分が書いたラベルを取り組みシートに貼り，リーダーに提出します。

C．アイデア＆アンケートラベル：A5/B6サイズ用紙

生徒たちが，生活や学習に参画するためには，一人ひとりが意見や考えを持ち，そのアイデアや意見を表明することが大切です。しかしながら，一人一言ずつ意見や考えを述べると，時間がかかりすぎることがあります。アイデア＆アンケートラベルを活用すれば，全員の意見やアイデアを一度に集めることが可能です。また，プロジェクトグループを立ち上げる前に，メンバーの推薦や立候補のアンケートとして活用することもできます。

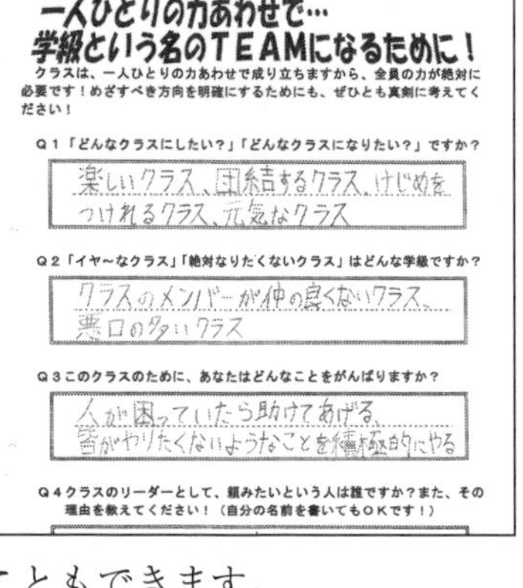

一人ひとりの力あわせで…
学級という名のTEAMになるために！
クラスは、一人ひとりの力あわせで成り立ちますから、全員の力が絶対に必要です！めざすべき方向を明確にするためにも、ぜひとも真剣に考えてください！

Q１「どんなクラスにしたい？」「どんなクラスになりたい？」ですか？
楽しいクラス、団結するクラス、けじめをつけれるクラス、元気なクラス

Q２「イヤ～なクラス」「絶対なりたくないクラス」はどんな学級ですか？
クラスのメンバーが仲の良くないクラス、悪口の多いクラス

Q３このクラスのために、あなたはどんなことをがんばりますか？
人が困っていたら助けてあげる、皆がやりたくないようなことを積極的にやる

Q４クラスのリーダーとして、組みたいという人は誰ですか？また、その理由を教えてください！（自分の名前を書いてもOKです！）

D．コメントラベル：Post itやメッセージカード

学級でラベルを使って情報を集めるメリットの１つとして，短時間で全員からのコメントや情報を一気に集めることができるということが挙げられます。例えば，朝の会でスピーチをしても，スピーチをした人に感想を伝える時間が確保できなかったり，寄せ書きをする際に，色紙がまわってくるのに時間がかかったりすることはよくあります。そこで，学級全員にラベルを配り，書き終わった人からスピーチをした生徒へ手渡したり，色紙に添付したりすれば，全員が一斉にコメントを書き，回収することができます。

この他にも，ラベルを活用できる場面はたくさんあります。ラベルを書くということは，自分の意見をしっかりと持つことにつながるということと，ラベルに綴られた意見やアイデアは，それを書いた人の大切な意見であるということを生徒に理解させることが大切です。

007

生徒の想いを協働的に高めるラベルワーク

●参画理論におけるラベルワークとKJ法

ここまで，ラベルを活用することで，生徒一人ひとりの想いやアイデアを引き出す方法について紹介してきました。しかし，参画型ラベルの真髄は，集まったラベルを使ったラベルワークにあり，この活動こそ参画力の1つである情報力を向上させます。ラベルワークと聞いて，真っ先にKJ法を思い浮かべるかたや，実際に会議や研修などで，ラベルを用いた発想法や情報整理の手法を用いたことのあるというかたも多いでしょう。

KJ法は，もともとフィールドワークなどで集められた膨大な情報を整理し，それぞれの情報のエッセンスをまとめ，新たな発想を生み出すツールとして川喜田二郎氏が開発したもので，著書『発想法　創造性開発のために』（中央公論社）にまとめられています。ラベルワークには，物事を多角的に捉えることができるのはもちろん，全く関係のないようなラベルや情報が刺激しあい，新たな発想や問題解決のアイデアを生み出す効果があります。

●ラベルとラベルワークの効果

意見や想いを表現したがらない中学生でも，心の中には自分なりの考えや想いがあるものです。それを表現したいと思いながらも，自分の想いが周りの友達に受け止められるかという不安や，何となく照れくさいという想いに阻まれているのです。ラベルを介してお互いの想いを交流する経験を繰り返すことで，少しずつ自分の本当の想いを表現できるようになったり，生徒同士が直接意見を交流したりできるようになります。さらには，ラベルとラベルワークを活用して，自分やクラスメイトの意見を整理し，まとめる体験を繰り返させることで，だんだんと自分や友達の存在，さらには自分の言葉の影響について理解し，俯瞰して考え，自信を持っていけるようになります。

【ラベル記入からラベルワークまでの流れ】

■準備物

□ラベルまたはPost it　　□Ａ５またはＢ５サイズの紙片５～10枚程度
□筆記用具（マジック）　　□のり

■活動の手順と注意点

A. ラベルの記入
①教師はラベル記入に向けた気持ちづくりをし，ラベルのテーマを伝える
②教師はラベルを配付し，生徒はラベルに名前を書きテーマに沿って記入する
B. ラベルワーク
③全員分のラベルを数回じっくりと読む
④親近感を覚える紙片同士を近くに置いて４～７グループに分ける。ラベルが３～４枚程度のる紙片を小皿がわりにしてもよい
⑤それぞれのグループに看板をつける。グループごとの看板は，アイデアを抽出したものか，特徴的なラベル１枚を選んでもよい
⑥各グループ同士を関係線で結び，グループのそれぞれのエッセンスを抽出して，全体のタイトルをきめる
⑦デコレーションし，ラベルワークの交流をする

『参画理論による「知識創造教育」：参画文化研究会公式基本テキスト』（参画文化研究会）著者一部改

●ラベル記入からラベルワークまでのポイント

①ラベル記入に向けた気持ちづくり

生徒にラベルを書かせる前に「ラベルテーマ」を明確に示し，「何を書く

のか？　どのように書くのか？」を伝えます。目的や内容を具体的に示すことで，ラベルの内容が高まります。

私はよく，ラベルを書かせる前に教師からのメッセージを伝えて，生徒たちの気持ちを言語化させるヒントを与えます。このことにより，生徒たちは自分自身の心の奥底にある気持ちやアイデアに気づき，ラベルに表現することができますし，「頑張った」や「よかった」などのように，単語だけで自分の気持ちを表すことを避けることにつながります。

②ラベルを記入する

ラベルは横向きに使うことを指示し，一番下に名前を書かせます。書く内容によって，生徒が名前を書くことを嫌がる場合には，誰が書いたラベルかは公表しないと約束して名前を書かせます。名前を書かない匿名ラベルは書き手の責任を全うできませんので，必ず名前を書くように伝えます。

ラベルは小さな紙片ですので，あまり多くのことを書くことはできません。自分が特に伝えたいことについて，厳選した想いやアイデアを書かせると，自然とラベルに力が込められるようになります。

学級の中には，なかなかラベルを書けない生徒もいると思います。その時には，教師が書き終えた生徒のラベルを回収して紹介したり，机間巡視をしながら書き終わった生徒のラベルを読み上げたりすることで，書けない生徒へヒントを与えます。また，教師が，周りの生徒に知ってほしい意見や，特にすてきなラベルについて紹介することで，生徒同士が相互に刺激をしあうことや，学級全員の前でよい意見を褒めることもできます。

③全員分のラベルを読みラベルワークを行う

生徒全員のラベルを整理・まとめ・タイトルをつけるという活動は，自分を含めた学級一人ひとりの想いや取り組みを自分たちで評価し，決定し，修正していくことにつながります。どのラベルも学級の誰かが出した，大切な想いであるということを忘れず丁寧に読み込むことが大切です。

ラベルワークは，親近感の覚えるラベル同士を近くに置き，４～７グループに分けます。その際，どのグループとも親近感が湧かないラベルについては，単独のままにしておくことも可能です。無理やりグループにすることなく，そのラベルの持つ真意を尊重することは，個々の人や意見を大切にすることにつながります。

⑤ラベルグループごとに看板をつける

ラベルをグループに分けたのち，それぞれのグループに看板をつけます。ここで注意点ですが，ラベルをグルーピングして看板をつける効率面だけを考えると，グループに分ける前に仮のグループ名をつけてからラベルの仕分けをした方がスムーズに流れます。しかし，この手順で行うと，それぞれのラベルが持つメッセージの一部分を搾取したことにつながるとしてKJ法でも厳しく禁止されています。グループに看板をつけるのは，必ずグループに分けた後に行うことで，それぞれのラベルの持つメッセージをしっかりと活用し，抽出することにつながります。

⑥各グループを関係線で結び全体のタイトルをつける

全体のタイトルを決める際にも，各グループの看板から抽出されたメッセージを活用することが大切です。完成したラベルワークは，模造紙に貼ったり，通信にしたりして学級全体に紹介します。全体のタイトルには，ラベルワークを行った人の想いが表れやすいものですから，タイトルにつながったラベルや発想を紹介するとよいでしょう。

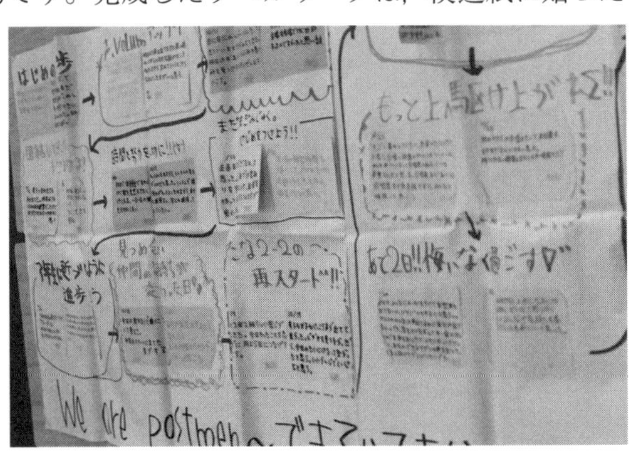

008 集団の参画意識を高めるグループワーク

●参画的な学級の両輪となる「ラベルワーク」と「グループワーク」

「ラベルを活用したラベルワーク」とともに，生徒一人ひとりが学級づくりに参画することを進めるのが「生徒自身が集団への意識を持つグループワーク」です。ラベルワークやグループワークは，難しい理論を理解していなくても気楽に進めることができ，すぐに効果を実感することも可能です。

しかし，大切なのはそれらのツールを活用して，生徒が学級づくりに関わるという，参画状況をイメージできているかにかかっているのです。これらのツールを，教師や生徒たちが，ただの道具（ツール）として使うか，生徒の意識変革に活用するかによって，効果が大きく変わります。

●生徒を学級づくりに巻き込む３つのグループワーク

グループワークには，参画力エンジンの組織力や人格力を高め，学級づくりを進めるうえで活用しやすい場面として大きく３つ想定できます。１つ目は，いわゆる生活班と呼ばれるもので，座席が近い生徒を４～６班に分け給食や清掃などの当番活動を行うものです。このグループは，席が近いメンバーで構成されるので，授業中の話しあい活動などでも多く活用されます。

２つ目は，学級組織の仕事内容により，学習係，情報係，環境係などに分けられる係グループです。係の役割を行う時や，修学旅行などの旅行的行事などに係ごとで活動をする時にも活用されます。生活班の班長や総務係は，座席の決定や学級課題解決のために，グループワークを行います。

最後の１つがプロジェクトグループです。行事の際や総合的な学習の時間の取り組みなどに活用されるグループで，学年全体で構成されることもあります。各グループの代表は，実行委員会のように独自に組織され，行事などの取り組み全体を進める役割を果たします。

生活グループ	班当番活動を行う：席の近いメンバーで構成
係グループ	班長会や係会を行う：係のメンバーで構成
プロジェクトグループ	総合的な学習や行事の取り組みを行う：学級の枠を外し，学年全体のメンバーで構成

どのグループも教師からの一方的な指導や指示ではなく，自分たちで，活動をつくりあげていくことが大切になります。当然ながら，学級の参画意識が低い段階で，いきなりグループワークを行っても，なかなか話しあいや取り組みは盛り上がりません。参集段階の生徒たちは，グループで話しあいをして意見を交流することや，友達と協力して自分たちの生活をより良くするという効果を実感できていないので，グループワーク自体が気まずいものになります。教師は，グループ活動について丁寧に指導するとともに，生徒たちが自分たちの力でグループワークを行うことで，一人ひとりが学級全体に参画しているという実感を持つようにしなければなりません。

●２つのワークを両輪に参画的な学級をつくる

活動を重ねるうちに，グループワークとラベルワークは，その過程や効果に類似点が多くあることに気づくと思います。一枚一枚のラベルを大切にすることと，一人ひとりの意見を大切に交流することは同じだと思いますし，ラベルをグループ化してタイトルをつけたものを全体に示すのと，各グループでの活動が全体に作用するのは，個から全体という発想が同じです。

また，どちらの活動も繰り返し行うことで，その効果を実感できると思います。２つのワークを上手に活用して学級づくりを進めることで，各生徒の参画力が向上し，生徒自身の手で学級をつくることにつながります。

009 参画型教育で協働的な学びを可能にする

●参画型教育でダイナミックな協働的な学びを可能にする

参画理論を活用した学級では，生徒自身が学びの場づくりに関わるので，参画力の１つである現場力を高めることができます。生徒自身が参画する学びの場では，生徒一人ひとりが個々の学習に向き合うと同時に，グループワークを行う集団や，自分の意見やラベルが作用する学級全体への学びを意識することになります。つまり，生徒一人ひとりの学びが相互に刺激を与えあう協働的な学びになります。すると教師から生徒へ一方的に与えられる学習形態ではなく，生徒が学びにコミットするいわゆるアクティブ・ラーニングや，協働的な学びをつくり出せる学級になります。

●協働的な学びを可能にする参画的な学級の集団づくり

マズローの欲求５段階説は，生徒が自己実現に向けて，高次の欲求を持つためには，外的に満たされなければ，内的に満たされる欲求は持てないということを示しています。つまり，学級での安心や安全はもちろんのこと，自分が必要とされていると感じることや，自分の意見を承認されていると感じることが，生徒の意欲的な学習姿勢には不可欠であるということで

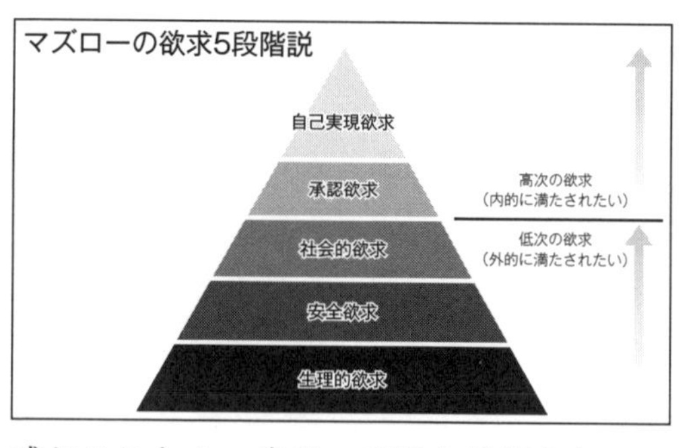

す。アクティブ・ラーニングという言葉が出始めた時，多くの教師が学級の参画段階を高めることなく，学習形態だけを真似をしたように思います。しかし，いわゆるアクティブ・ラーニングを行うためには，生徒一人ひとりが安心して学習に取り組める環境と，グループワークをはじめとする協働的な学びが可能である集団づくりが必要だということを忘れてはいけないのです。

●これからの学びに不可欠な参画の発想

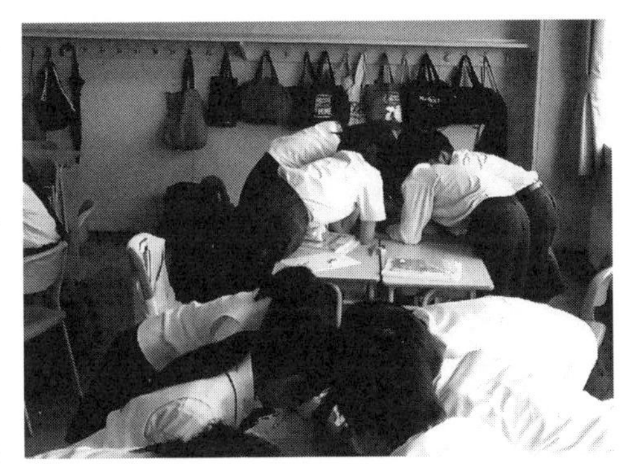

ラベルワークを活用した学びや，グループワークを通して生徒一人ひとりが主体的に学ぶ参画型教育の発想は，各生徒の学びをつなぎ，お互いの意見を交流することを促します。このような発想は，生徒が主体的に，対話的に学ぶことをめざすアクティブ・ラーニングや，生徒同士が自分の学んだことをお互いに説明しあうことで，学習が深まっていく『学び合い』などを支えることにつながります。生徒が主体的に学ぶためには，生徒が学びに参画することが必要であることを忘れてはなりません。なお，『学び合い』についての詳細は，西川純氏の実践をご参照ください。

参画的発想は，急激に進みつつあるオンライン学習やGIGAスクール構想などのタブレットやパソコンを用いた学習でも応用することができます。オンライン学習は，どうしても学びが孤立しがちですが，1人1台端末を活用すれば，オンライン上でラベルワークや作品化が可能になります。参画の理論やツールは，学級づくりだけではなく，総合的な学習の時間や特別の教科　道徳はもちろん，各教科でもどんどん応用できます。第2章以降では，参画の発想を活用する方法を場面ごとに具体的に紹介していきます。

第2章

参画的な学級づくりに向けた新年度準備

001

担任の想いを具現化する教室をつくる

POINT

「学級≒担任の想いを具現化する場所」となるシステムをつくる

学級担任をする時には，「どんなクラスにしたいか？」というイメージをしっかりと持つことが大切です。そして，そのイメージに迫るためには，学級の仕掛けが必要になります。生徒自身が自分たちの生活を向上させるような学級にしたいのであれば，自発的な活動を促す仕掛けをつくる必要があります。また，生徒全員が自分の役割に責任を持つ学級にしたいのであれば，生徒一人ひとりに役割を与え，どの生徒も自分の役割を果たせるような仕掛けが必要になります。生徒たちは，学校生活のほとんどの時間を教室で過ごします。学級の雰囲気や学級担任の言動が，中学生に与える影響も理解して，学級のシステムを構築しておきましょう。

手順とTIPS

1. 生徒が教室で使うものや，掲示物をリストアップし準備する
2. 学級活動をスムーズに進めるために，何を決めるべきかリストアップする

TIPS **担任の先生がたと交流し，学級ごとに段差が出ないようにする**

3. 教室を清掃し，破損箇所を修理するか記録しておく
4. 列や班編成を考慮して座席配置を決め，机・椅子などに名前シールを貼る

参画力を高めるアイデア

学校生活がスムーズに流れるために，確認しておくべきことを紹介します。

■学級の座席形態で決定しておくべきこと

□縦横の列数　□班の数と各班の男女比　□席替えの方法・頻度

→座席の形態や席の決め方を説明する際に，担任の願いや意図を伝えます。
席替えの具体的な方法については，p.66を参照してください。

■学級内の役割決定

□日直の仕事内容　□係の仕事内容　□朝の会と帰りの会の内容

□給食当番の役割と分担　□掃除の役割分担と基本的な手順

→学級組織や日直などが決定するまでは，ボランティアなどで運営します。

■その他決めておくべきこと

□提出物や集金のシステムとルール　□遅刻・欠席の連絡方法のルール

□校則の確認　□家庭学習ややり取り帳などの提出物のシステムとルール

□忘れ物をした時のルール　□おかわり・清掃のルールとシステム

留意点・工夫

生徒が登校してくると，怒涛のように日々が過ぎていきます。特に４月の１週目は，ものすごい勢いで時間が流れますので，冷静な判断をすることが難しくなります。そんな状況の中，生徒たちからは，「席替えはいつしますか？」や「給食の係は，昨年の方がやりやすかったから，やり方を変えてもいいですか？」など，我儘と意見が混ざりあった要望が寄せられ，担任はその都度判断することを迫られます。生徒たちが自分たちの生活に参画しているからといって，全ての要望を聞き入れてしまうと，やがては学級経営自体が破綻してしまいます。事前に学級を運営するうえで決めておくべきことをリストアップして，明確な答えをつくっておくとよいでしょう。

002

生徒が参画する&したくなる教室の仕掛け

POINT
生徒の学級づくりに参画したい想いを高める仕掛けをつくる

前節では，担任がどのような学級をつくっていくかのイメージを持って，準備することの大切さについて紹介しました。もちろん，担任の先生がめざす学級の姿を意識することは大切ですが，イメージさえあれば何も準備せずとも，生徒たちが学級に参画的になるということは，あまり期待できません。そこで，学級担任として教室設営をする際には，様々な仕掛けを具体的に準備しておき，生徒たちが学級づくりに関わりたいという気持ちを高めることが重要です。

手順と TIPS

① 1日の流れをシミュレーションし，生徒が必要なものをリストアップする

TIPS 先生がたで歩調を合わせるためにも積極的に交流する

② お便り台紙・文房具や雑貨を保管するプラスティック箱を準備・設置する

TIPS 学級費で購入できることが多いので，領収証はとっておく

③ 設置が終わったら，きれいに整え生徒たちが例に倣えるようにするとよい

参画力を高めるアイデア

□生徒の在籍に関わるもの

学級名簿掲示用	氏名マグネット
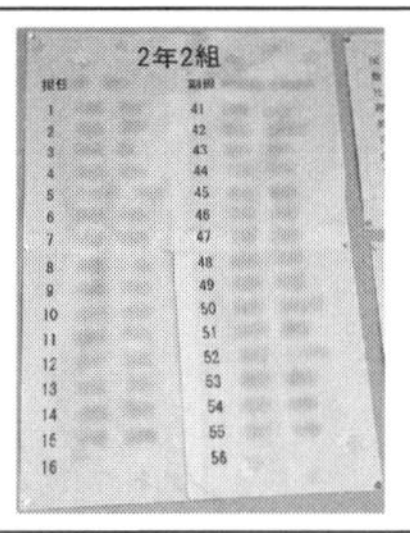	
座席表のフォーマット	自己紹介シートのフォーマット
教卓 教師が読みやすい向きにして，読み仮名の欄があるとよい。	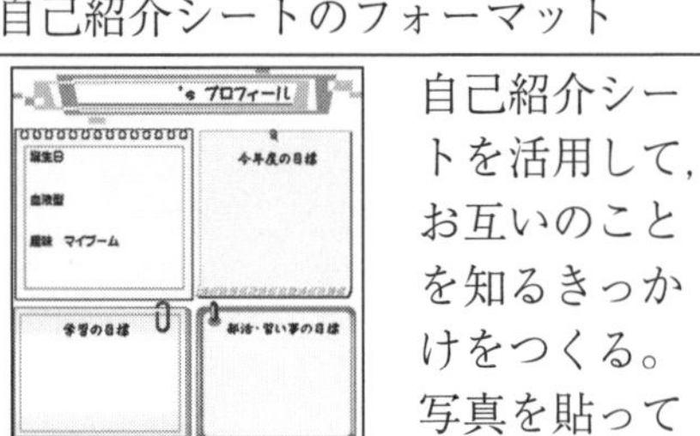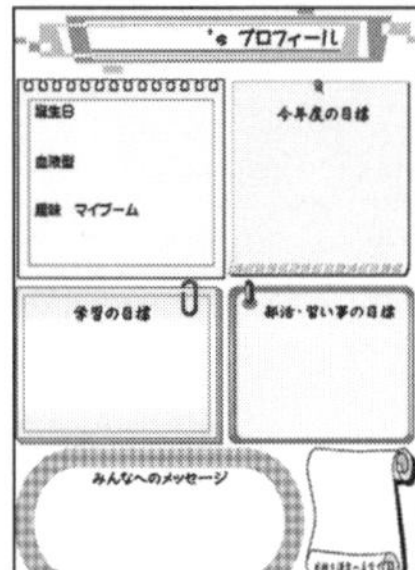 自己紹介シートを活用して，お互いのことを知るきっかけをつくる。写真を貼ってもよい。

□ホワイトボード・ホワイトボードマーカー

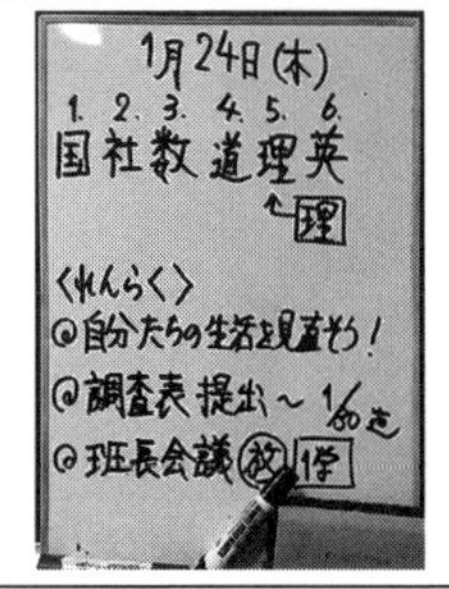	毎日の日課や連絡，担任教師からのメッセージを伝えるのに重宝する。 生徒たちは，逐一先生に尋ねるのではなく，自分で考えて行動できるようになる。 ホワイトボードを吊り下げる場所も用意するとよい。

□お便り台紙

	フラットファイルを裏返しに折り曲げて，ファイルの部分を画鋲等で貼り付ける。 掲示物に直接画鋲を刺さずに済むので，配付係や掲示係が，お便りや通信をきれいに掲示するのに便利。

□教科連絡黒板

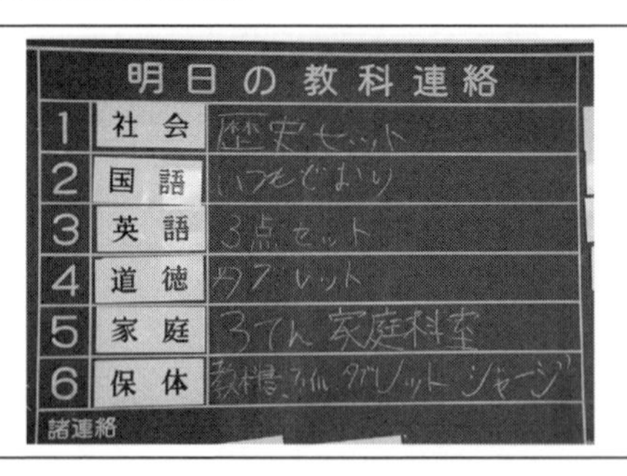	教科連絡係が活用できる場所を確保することで，役割を担いやすいのはもちろん，全員に，メモをとる習慣をつける。 各教科のマグネットがない場合は，印刷したものをラミネートして，裏にマグネットを貼り付けてつくる。

□日直・当番活動割り当て表

ルーレット	コルクボード
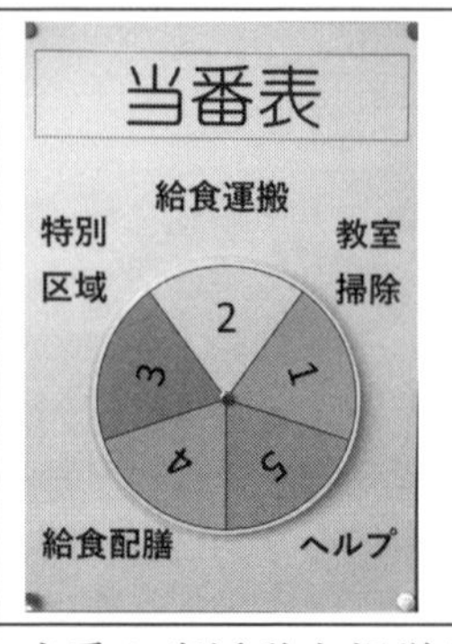 ルーレットと台紙を印刷しラミネートしたものを画鋲で張る。	カードを印刷してラミネートし，ダブルクリップでとめ，コルクボードに画鋲で張る。
当番や班活動を視覚化することにより，責任の所在を明確にする。	

□机の位置を揃える Point シール

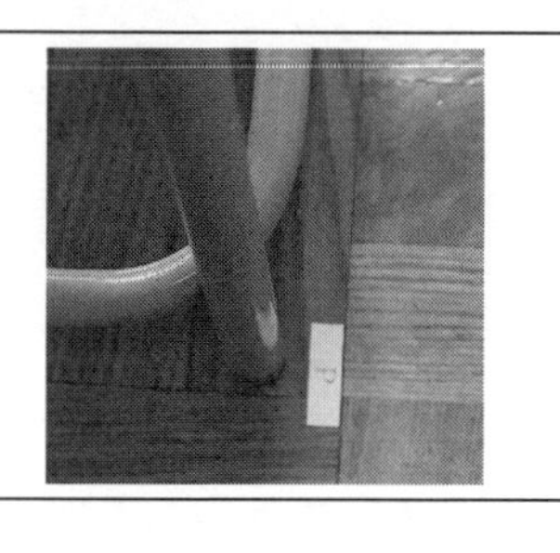	ラベルライターで簡単にたくさんつくれ，机の整頓が素早く行えるようになる。教室の床に直接マジックで印をつけてもよい。

□忘れ物をした時に使える予備の文房具

	□シャープペンシル・消しゴム □ネームペン □Ｂ以上の鉛筆・鉛筆削り □コンパス・定規・三角定規 □３色ペン　□ Post it □ルーズリーフ　□ハサミ □スティックのり

□学習や教室環境を生徒たちが改善する時にあると便利なもの

	□マーカーペン（各班１セット） □学級文庫・辞書・辞典 □タイマー
	□穴あけパンチ　□粘着テープ □セロハンテープ　□輪ゴム □掃除用具　□ティッシュ □ビニール袋　□ホッチキス □画鋲と画鋲抜き　□磁石

003

生徒との出会いを演出するシナリオづくり

POINT

入学式・始業式のシナリオをつくり気持ちのよいスタートを切る

人の第一印象が与える影響は，非常に大きく，よい印象からスタートすれば，希望に溢れた１年のスタートを切れますし，逆に厳しく叱ったり，春休み中の生徒指導から始めたりしなければならないと，スタートから暗雲が立ち込めることになります。

少し忙しいとはいえ，春休みにはじっくりと時間をかけて出会いのシナリオをつくる時間はあります。あまり特別なことをする必要はないと思いますが，しっかりと準備してすてきな出会いとスタートを切りたいものです。

手順と TIPS

1. 始業式・入学式当日の学校全体の流れを確認する
2. 語るべきことを「担任の想い」と「連絡」に分けてリストアップする
3. 「担任の想い」と「２日目以降の連絡」を記入し，学級通信をつくる
4. 「連絡」や「想い」がまとまるたびにシナリオに記入し表を完成させる
5. 学級通信が一番上にくるように，配付するお便りを準備する

TIPS

配付する時間が短い時には，あらかじめ生徒の机の上に配付しておく

参画力を高めるアイデア

■失敗しないための入学式・始業式シナリオづくり

☑準備物
□学級通信　□教科書と生徒への配付物　□演出で使うもの
□筆記用具の予備　□ラベル　□名前ペン　□カメラ　など

時間	全体の流れ	ポイント
:	生徒登校	・室温・照明などの環境を整備しておく ・明るく爽やかな挨拶と前向きな声かけ
:	職員朝会	・遅刻・欠席連絡の確認をしておく
:	朝の学活	・出会いを大切にしたいという想い ・連絡すべきことを簡潔に伝える
:	始業式・入学式	・生徒の様子を観察し学活で褒める
:	学活	・担任として学級への想いを語る ・生徒たちに意気込みラベルを書かせる ・たくさん褒める場面を見つける
:	帰りの学活	・生徒のよいところ褒める ・連絡は，通信を見ればわかるようにする

留意点・工夫

入学式や始業式の日に，生徒たちとの希望に溢れた出会いにするためにも，時間をかけ，想いを込めて準備することで，歓迎の気持ちを表しましょう。また，初日はたくさんの連絡がありますので，事前に連絡事項をリストアップすることで，漏れなく伝えることができます。シナリオをつくることで，生徒との出会いの日をスムーズに進めることができ，生徒はもちろん，特に新入生の保護者からも信頼を得ることにつながります。

004 ねらいを持って学級通信をつくる

POINT

学級通信の「3つのねらい」を意識する

「学級通信は，何のために出すのか？」という問いをよく耳にすることがあります。その答えはきっと，発行者の想いの数だけあるのだと思います。しかしながら，仮に週に1回発行すると，1年間で35～40号程度の学級通信をつくることになりますし，生徒はもちろん保護者の方にも見てもらうことを考えると，学級通信の持つ役割は軽視することができません。「学級通信は誰のために出すのか？」という目的を明確にすることで，伝えたい対象へ想いが届きやすいものに変わるものです。

手順と TIPS

1. 発行頻度，用紙サイズ，発行の形式（手書きか印刷か）などを決める

TIPS　**1年間やりきるためにも，続けられるペースを！　無理は禁物**

2. 大枠とタイトルを決める
3. 「メッセージ」「生徒への連絡」「保護者への連絡」のパートを割り振る
4. つくった通信のデータを取っておくと次年度以降のペースメーカーになる

TIPS　**先輩教師がつくった学級通信をもらっておくと参考になる**

参画力を高めるアイデア

■学級通信の３つのねらい

①生徒へのメッセージ

日常生活で見えた成果と課題を紹介することで，生徒一人ひとりに注意したり，考えたりしてほしいことを伝える役割。

②保護者への紹介や連絡

写真や生徒のコメントを掲載し，学級の様子を紹介したり，保護者向けの連絡を伝えたりする役割。

③教師や担任のリマインダーやペースメーカー

通信をつくるという行為を通して，その時の学級の様子を振り返ったり，翌週に向けた心構えについて書いたりすることで，教師自身のリマインダーや指導の重点を確認する役割。

学校生活が始まってからは，生徒一人ひとりのコメントラベルやラベルワークなどを紹介することを心がけます。学級通信を通して，生徒同士の想いを交流することになるのはもちろん，学級全体での取り組みの様子を保護者にリアルに伝えるとよいでしょう。

留意点・工夫

比較的時間がとれるこの時期に，通信のフォームをつくり，余裕があればペースをつかむまでの１～３号程度の通信をつくります。年度はじめの数号は，紹介や連絡，メッセージなどが多くを占めますので，事前につくっておいても大きな問題はありません。また，担任自身が，最初の１～３週間に，学級に向けて特に力を入れて伝えたいことのプランを立てたり，学級づくりのペースメーカーとしての役割を果たしたりするという意味でも，学級通信を事前につくってしまうということのメリットは少なくありません。

005 学校が始まる前に統一しておいた方がよいこと

POINT

給食準備や清掃当番は，集団に参画することにつながる

生徒たちは，それまでの小中学校の学級で，それぞれの担任独自の給食や清掃の仕方で過ごしていますので，そのやり方や手法は千差万別です。「この教室のルールブックは担任である私だ！」と言い切ることもできますが，生徒たちからの突き上げに毎回対応するのは，なかなか気力と体力がいるものです。新年度準備で学校全体が忙しい時期ですが，右頁の事項について事前に学校全体や学年で統一しておいた方がよいでしょう。

手順と TIPS

1. 生徒会と連動する役員や校則など，学校全体に関わることを確認する
2. 給食や清掃のシステムなど，学年全体で統一させるべきことを確認する
3. 生徒向けのオリエンテーション資料などにまとめておく

TIPS 手順や注意点は，ラミネートして掲示してもよい

参画力を高めるアイデア

すてきな学級をつくる先生がたの多くが重要視しているのが，「給食指導」と「清掃指導」だと思います。生徒たちは，給食や清掃の役割を通して，自

分に与えられた責任を果たすことや，班員と協力することはもちろん，自分の役割が終わったら，班員の手伝いをするなど学級や集団に参画することを学びます。

■全校で確認すべきこと

□服装や持ち物など校則に関係すること
□遅刻・早退，保健室や職員室の利用などに関すること
□朝学活の前の時間の使い方（朝読書・朝学習・学びあいなど）
□休み時間，昼休みのルール
□授業の決まり・テストの決まり・号令の仕方など
□ロッカーや教室に置いていけるもののルール
□不登校や別室生徒対応の決まりや流れ
□給食運搬や片づけに関すること
□清掃の基本的な手順や清掃用具の使い方など
□委員会活動・部活動など，放課後活動のルール

■学年で確認しておくべきこと

□日直や係の仕事のルールと決め方（p.64）
□席替えの仕方と班長の役割（p.66）
□登校後・下校前の荷物や学習用具の整理の仕方について
□朝の会と帰りの会の内容や号令や挨拶のルール
□給食当番の役割と分担・おかわりや片づけのルールとシステム

留意点・工夫

決まりやルールを守れない生徒を指導せずに，放っておく教師や学級は，しっかりとルールを守っている他の生徒からの信頼を失うことになります。生徒たちの友達関係や人間関係は，学級内で限定されることはまずありませんので，先生がたが一枚岩となって統一した指導ができるように，しっかりと打ち合わせをすることが大切です。

006 スタートしてからでは間に合わない情報収集

POINT
教師力や学級経営力を向上させる流儀や哲学をアップデートする

教員経験年数や担任の経験数などにもよると思うのですが，学級担任としての自分の仕事に向けた哲学やポリシーは，一朝一夕で確立できるものではありません。何度も失敗し，その失敗の原因をしっかりと反省するからこそ，工夫や学びを得ることができるのだと思います。もちろん，成長のために何度でも失敗をすべきだというつもりはありません。むしろ，学級崩壊や担任交代などのあまりにも大きな失敗を経験してしまうと，その傷の影響は，教師にとっても生徒たちにとっても，非常に大きなものになります。そこで，いわゆる学級崩壊状態に陥る前に，学級担任としての考え方や，生徒への働きかけの仕方をアップデートすることが重要です。しっかりと準備をしたうえで失敗を恐れずに，チャレンジすることが大切だと思うのです。春休みはもちろんのこと，日頃からアンテナを高くして，多くの情報を得る習慣を身につけておきたいものです。

手順と TIPS

1. 所属学年はもちろん，よい雰囲気の学級をつくる先生の通信を頂いておく
2. 副担任の時には，担任が行う学活や道徳の時間に教室に入らせてもらう
3. 研究会に参加したり，書籍を購読したりして情報を得る
4. 小学校との「引き継ぎ資料」や「児童抄本」から生徒の情報を得る

参画力を高めるアイデア

学級経営についての考え方を確立するためには，即効性のあるものばかりではなく，一見するとあまり学級経営に関係しないようなものが，大きな助けになる場合があります。私にとってのラベルワークの手法や参画の考え方がそうだったように，部活動運営や集団づくりの手法を学級づくりに取り入れる先生や，心理学やカウンセリングの発想を取り入れる先生もいます。すてきな学級をつくる先生がたは，それらの理論や発想を上手に学級づくりに取り入れて，目の前の生徒たちに合わせて実践されているように思います。

担任の仕事の流儀や学級づくりの哲学は，担任をすることが決まってから，すぐに準備できるものではありません。担任をしている時はもちろん，副担任をしている時でも，是非とも日常的に情報を収集し，自分なりの考え方を確立したり，改善したりする意欲を持ち続けましょう。

留意点・工夫

私は空き時間に，学級での学活や道徳の授業の様子を教室の外で聞き耳を立てています。入学式後や卒業式後に教室で話をしている担任の先生の話を盗み聞きしながら，自分が担任だったら式を終えた生徒たちに，どんな話をするだろうかと考えることもしばしばあります。

また，行事前日の放課後や行事の日の朝には，全校の教室を見てまわります。それぞれの教室には，行事に向けた雰囲気といった担任の先生や生徒たちの想いのカケラが見てとれます。それらは，学級の掲示物であったり，黒板へのメッセージであったり，時には教室の中に漂う空気感のように，肌感覚でしか感じることができないような場合もあります。先生がたの学級でのメッセージや空気感から学んだことを自分の実践にも活かしたいものです。

Column

初担任の苦い経験

❶希望だけを手にスタートした初担任

最北の離島，礼文島で念願の教員人生をスタートした私は，早く学級担任をしたいという希望に満ち溢れていました。その頃の私は，英語の授業でも部活動でも，生徒を抑え込んだり，宥めすかしたりしながらも，それなりに上手に生徒たちを指導できていると勘違いしていました。恥ずかしい話ですが，自分には中学生集団をまとめる資質があるという根拠のない自信さえありました。そんな状況で念願の初担任をすることが決まった私は，学級担任としても上手にやれるに違いないと信じて疑っていませんでした。今思えば全く信じられませんが，当時の私は教師がすてきな学級をつくりたいという強い想いを持っていれば，学級は自然とまとまると鷹を括っていました。そんな私は，今は毎回つくっている学級のシステムづくり（p.30）や，初日のシナリオ（p.36）などの新年度の準備を全くしないまま初担任をスタートさせました。

❷程なく学級崩壊状態に

生徒がお互いに助けあい，自分たちの学級を自分たちでつくるメリハリのある学級をつくりたいとは思いながら，実際には生徒が自主的に役割に取り組む仕掛け（p.32）や手段を全く準備していなかったので，生徒たちが学級の活動をやらなくなるのは時間の問題でした。

生徒たちと学校生活を始めるとすぐ，担任は様々な判断を迫られます。春休みに新学期の準備や心算を全くしていなかった私には，明確な判断基準がなかったものですから，その都度のバラバラな対応になり方針がブレてばかりの指導になりました。そんな私の指導に，生徒たちは不安や不満を溜め込み，それが暴言となって噴き出すようになります。やがて暴言や生徒指導事例が原因となり，教師と生徒や生徒同士が傷つけあい，最後には学級の人間関係が崩壊しました。

❸参画を学級づくりのヒントに

１学期の段階で早くも学級が崩壊状態になった結果，生徒に怒鳴り散らし，学級の雰囲気や人間関係を悪くするばかりの自分の振る舞いがひどく嫌になりました。各学年１学級しかない小さな学校だったので，クラス替えもありません。同じメンバーで，あと２年以上一緒に生活することを考えると，絶望的な気持ちになりました。このままではいけないと思い，自分が大学時代に学んだ参画の手法を取り入れてみることにしました。

２学期が始まるとすぐに，さっそく学級の生徒たちにラベル（p.18）を書いてもらいました。すると，普段は大人しい女子生徒が小さなラベルの裏表いっぱいに，学級をなんとかしたいと書いてくれました。そのラベルを読んで，頭を金槌で叩かれたような気持ちになりました。担任として，自分が何もしなかったばかりに，苦しんでいる生徒がいること，そしてそんな状況でも，自分たちの学級をなんとかしたいという想いを持ち続けていたことに申し訳ない気持ちでいっぱいになり，涙が流れました。

生徒たちがお互いを認めあい助けあえる居心地のよい学級をつくる方法を，参画の観点から考えると，いろいろなことが腑に落ちました。方針や判断に迷いが生じた時には，どちらの方がより生徒の参画力が高まるかを基準に判断すると，矛盾が少なくなりました。すると自分たちの学級をなんとかしたいという生徒たちが少しずつ増え，学級としてもまとまりが出てきました。

しかし，春休みから参画の手法を取り入れたなら，きっとこんなに苦しまずに済んだように思います。私は担任をする時には，今でもこの時学んだことを肝に銘じて，学級づくりを始めています。

第3章

生徒が参画する
学級の土台をつくる
最初の３日間

■意気込みラベル　▲参画意識

001 生徒との出会いを演出する学級開きのシナリオ

POINT
学級開きのシナリオで，生徒との最初の出会いを演出する

どんなにやんちゃな生徒も教師の言うことを素直に聞くと言われる年度の最初の３日間を，黄金の３日間と呼びます。特に初日は始業式や入学式などの儀式的行事や，新しい先生や生徒との出会いなど，すべきことも多くまさしく目が回るほど忙しい１日になります。この黄金の３日間だけ頑張れば，残りの362日に何も問題が起きないということはもちろんありませんが，黄金の３日間を取り戻すには，かなりの労力が必要になることは間違いありません。準備をしっかりと行い，生徒とすてきな出会いを果たしましょう。

手順と TIPS

①学校全体の予定を参考にしながら，自分のシナリオをつくる
②教室に登校した生徒の心に訴えかける黒板メッセージを書いておく

TIPS
生徒の心に響くような言葉で，一人ひとりがどのように年度のスタートを切るべきか考えさせるようなものにする

③生徒の心をつかみ，学校生活へ期待が高まるような自己紹介を準備する
④意気込みラベルで書かせるテーマを考えて準備しておく

参画力を高めるアイデア

時間	全体の流れ	ポイント
：	職員朝会	不登校傾向生徒から欠席連絡が入った場合，登校を促す電話をしてみる
：	朝の学活	・号令を誰に頼むか準備しておく ・起立した際，椅子をしまうよう指示する ・年度の初日をどのように過ごすべきか伝える
：	始業式・入学式	・入場の前に身だしなみ等の確認をする →校則にそぐわない場合は，直すように声をかけたうえで，学年・生徒指導部と連携する
：	学活	・始業式や入学式の様子を評価する →よいところは褒め，課題は簡潔に指導する ・担任として学級への想いを語る ・生徒たちに意気込みラベルを書かせる →筆記用具の有無・意気込みなど褒めるとよい
：	帰りの学活	・翌日も安心して登校できるように連絡

留意点・工夫

学年の最初の日には，生徒たちが自らの想いを自覚させ，それを行動に移させる工夫が必要です。ですから，「新しいスタートを歩み出した決意を考えて自分の席で待ちなさい」や，「中学◯年生として相応しい態度で過ごしてください」など，生徒が自分の意気込みを意識し，行動に移させるようなメッセージを黒板に書きます。黄金の３日間は，その後の「基準」を示す大切な時間になりますので，できたことを褒めるという評価を通じて，何をすべきなのか，何をすべきでないのかを明確にするという意識が大切です。

002

生徒の気持ちをつかみ取るアンケートラベル

POINT

「ラベル」と「アンケート」で生徒一人ひとりの想いをつかむ

学級づくりを始めるにあたり，生徒一人ひとりに「ラベル」や「アンケート」を記入させることにより，個々の生徒の想いや意気込みを文字にして残すことができます。ラベルには，あまりたくさんのことを書けませんので，自分の気持ちを１文でまとめるように指示すれば，しっかりと自分の気持ちに向き合うことにもつながります。

手順と TIPS

①ラベルやアンケートを配付し記入の仕方について説明する

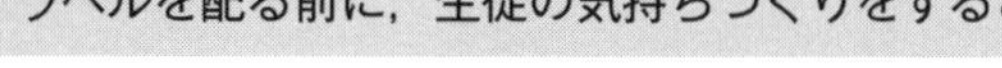

TIPS　ラベルを配る前に，生徒の気持ちづくりをするとよい

②ラベルやアンケートを書かせて提出させる

TIPS　ラベルは学級通信に活用する
アンケートは学級目標や学級組織決めに活用する

③生徒へラベルやアンケートの使用方法について伝えると安心して書く

④プライバシーに注意しながら，早く書けた生徒の意見を紹介してもよい

参画力を高めるアイデア

生徒が参画的に学級づくりに取り組むためには，生徒一人ひとりが学級に対してどのような想いを持っているかを教師が知る必要があります。当然ながら，全ての生徒が希望通りのメンバーで，不安や心配事が全くない学級になりそうだと思うことは不可能だと思いますので，学級に対してどのような想いでいるのか？　不安は何か？　ラベルやアンケートに書かれたメッセージからわかることは，少なくありません。

生徒一人ひとりの意気込みを記したラベルやアンケートですから，学級全体や，保護者に伝えない手はないと思います。特に，前向きな意見や意気込みについては，学級全体に知らせることで，明るくまとまった雰囲気を生み出すことにつながります。さらには，それぞれのラベルには，生徒一人ひとりの想いが込められていますので，ラベルやアンケートを全体に紹介することで，様々な意見や想いを持つ一人ひとりを尊重することにつながります。

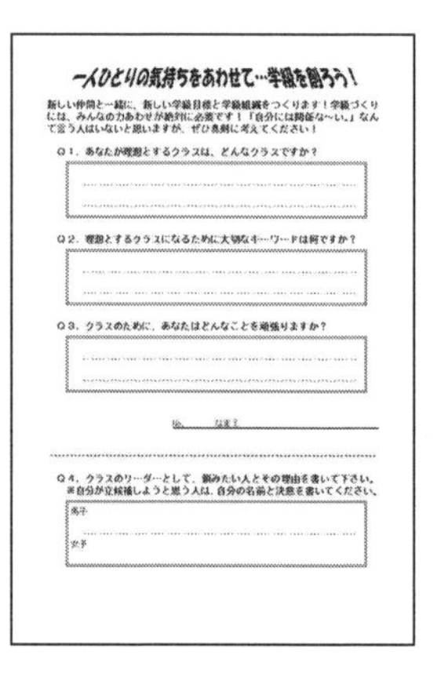
一人ひとりの気持ちをあわせて…学級を創ろう！

新しい仲間と一緒に、新しい学級目標と学級組織をつくります！学級づくりには、みんなの力あわせが絶対に必要です！「自分には関係な～い。」なんて言う人はいないと思いますが、ぜひ真剣に考えてください！

Q１．あなたが理想とするクラスは、どんなクラスですか？

Q２．理想とするクラスになるために大切なキーワードは何ですか？

Q３．クラスのために，あなたはどんなことを頑張りますか？

No.　なまえ

Q４．クラスのリーダーとして，頼みたい人とその理由を書いて下さい。
※自分が立候補しようと思う人は，自分の名前と決意を書いてください。

男子

女子

留意点・工夫

出会って間もない教師に対して，生徒たちが正直な気持ちをラベルに書くわけがないと思いがちですが，意外にも多くの生徒が悩みや想いをラベルに書いてくるものです。大きな環境の変化を迎える生徒たちは，漠然と「友達と上手にやっていけるか」とか「クラスに馴染めるか」などの不安や悩みを持ちます。そこで教師は，ラベルから滲み出る生徒たちの不安のサインに気づき，個別に声をかけ，不安や悩みを少しでも軽減させる力になりたいという気持ちを伝えることで，本当の意味での信頼を得るきっかけにします。

003

「ラベル式学級通信」で生徒の想いを交流する

POINT

一人ひとりの想いがつまったラベルを活用して，学級通信をつくる

学級通信が持つねらいには様々なものがありますが，私は生徒一人ひとりの想いやアイデアを学級全体に交流することや，その様子を保護者に紹介するという役割があると考えています。タイトルをつけたラベルワークを，学級通信として発信することで，学級の様子やそれぞれの生徒がどんな想いを持っているのかを，生徒たちはもちろん保護者にも伝えることができます。

手順と TIPS

1. 生徒全員が書いたラベルを集め，通信の台紙に仮留めしながら何度も読む
2. 似ているラベル同士を近くに置いて４～７グループに分ける
3. それぞれのグループに看板をつける。グループごとの看板は，そのグループのアイデアを抽出したものか，特徴的なラベルを選ぶ

TIPS **必ずグループ分けをしてから看板をつける**

4. グループの看板を書き込み，グループ同士を関係線で結ぶ
5. グループの看板からエッセンスを抽出して，全体のタイトルを決める
6. 通信をつくりながら感じたことや，学級の雰囲気などを紹介するコメントを書いて完成させる

参画力を高めるアイデア

①できるだけ具体的なテーマを伝えてから，ラベルを配る

「入学式を終えた今の気持ち」や「最高学年のスタートを切った決意」「体育祭結団式を終えた今の気持ち」など，生徒が具体的な想いを記入したくなるようなテーマを示した方が，ラベルワークの内容が深まります。ラベルを配付する前に，教師が気持ちづくりの話をするのもよいでしょう。

②ラベルを書く前にラベルの活用法を伝える

生徒に安心してラベルに記入させるためにも，書いたラベルを学級通信に載せて保護者に配付することを伝えます。生徒があまりにも過激な内容をラベルに書いている場合には，「保護者のかたが見た時に，どう感じるかな？」や「誤解を招くような表現は避けようね」などと伝えると，場にそぐわない表現が減るばかりか，字を丁寧に書くようになります。

③ラベルワークのやり方を生徒にイメージさせる機会にする

生徒自身の手によってラベルワークを行わせれば，学級の中でどのような想いを持っている生徒がいるのかをつかむことにつながりますが，まずは教師が通信などでラベルワークのやり方を示すとよいでしょう。もちろん，教師がラベルワークをすることで，教師自身のメッセージをラベルに記された想いや全体に伝えたいラベルを通して伝えることができます。

④どんなラベルも生徒も，大切にするという姿勢を示す

前向きなラベルが多く寄せられ，ラベルワークも生徒のやる気が形に現れるものになればよいのですが，必ずしも期待通りにいかないこともあります。そんな時にも，「不安」や「強がりに似た気持ち」を伝えてくれた生徒たちの想いを一度受け止め，その後でどのように取り組みを進めるかを伝えるこ

とが大切です。否定的なラベルばかりが集まらないように，事前に気持ちづくりをすることも大切ですが，どんな意見も，どんな学級の状況もしっかりと認めることが，ラベルや生徒を大切にすることにつながります。

⑤ラベルワークをスムーズに行うために

ラベルワークを通信にするとなると，正直少し手間がかかります。我々教師も人間ですから，どんなによい活動であっても，辛いなとか大変だなと感じる気持ちが大きすぎると，なかなか取り組むことができません。

そこで，スムーズにラベルワークを進める工夫を２つ紹介します。１つは，Google Jamboard や Microsoft Teams のホワイトボードなどのコンピューターソフトを使ってラベルワークを行い，それを通信の台紙に貼り付ける方法。生徒一人ひとりに自分の端末からラベルを記入させれば，教師はパソコン上でラベルワークが行えます。ラベルワークが完成したら，ダウンロードして通信のテンプレートに貼り付けて完成です。

もう１つは，通信の台紙をＡ３やＢ４サイズに拡大しておき，そのうえで Post it を使う方法。手書きとパソコンのハイブリッドになりますが，ラベルを打ち直したり，コピーし直したりする手間がないので，生徒が書いた Post it を使ってそのままラベルワークを行うことができます。

留意点・工夫

ラベル式学級通信では，生徒それぞれが考えていることを学級全体に紹介する役割を果たし，ラベルを書いた本人は自分の意見が学級全体の中で，どのような位置づけになっているのかを視覚的に理解することができます。通信を持ち帰り，お家のかたと一緒に自分の書いたラベルを紹介したなんてこともしばしば聞きます。また，全員分のラベルが意見として示されていることで，全ての生徒の意見や想いが尊重されていることを伝えられます。

●ラベル式学級通信の例

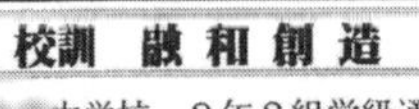

中学校　２年２組学級通信
２００９／４／９　第２号
発行者　西林慶武

中堅学年のスタートを切って…

仲間・学習・部活…頑張る！

勉強も頑張り、クラスのみんなとも仲良くする。

もっと勉強を頑張る。

勉強をがんばる！そんけいされる先輩になる！

部活内でも頼れる先輩になることと、勉強もがんばる！

学習と部活を両立する！

勉強では努力してがんばる。部活では１年生に負けないようにがんばる。

勉強や部活をがんばる！

生活面では集中して勉強する。部活ではレギュラーをとる。

勉強と部活を両立する。

不安もあるけど、勉強と部活をがんばる。

野球を頑張る

勉強や部活をがんばる！

中堅学年として自覚

しずかにする。いい先輩になる。元気にたくさんの人とフレンドリーになる。誰にでも優しく。

２年生としての自覚を持って、色々なことを頑張る。

先輩という自覚を持って、１年生に頼られ、尊敬される先輩になる。

けじめをつけて後輩にたよられるような先輩になりたい。

後輩や周りの人に尊敬されるようになりたいです。

カッコイイ先輩になる！

後輩のあこがれの先輩になれるように頑張る。

後輩に優しくできるだけする!! 笑　優しくします！

後輩にやさしい先輩になる。

後輩に優しくする。

頼られる先輩になりたいです。

後輩の手本になる先輩になる。

後輩に尊敬される先輩になる。

後輩にたよられるような先輩になりたい…。

優しくてたよりになる先輩になりたい。

後輩を大切にし頼れる先輩になりたい。

そんけいされるせんぱいになる。

そんけいされる先輩になる。

色んな場面で尊敬される優しい先輩になる。

優しくて頼りになる先輩になりたい♪♪

後輩に優しくして、頼られる先輩になる！

後輩に優しく、尊敬される先輩になりたい。

人として成長する！

出来ることを増やし、視野を広げたいです。

自分に厳しく、他人はやさしくする。

元気に自分から。ふざけすぎない。

中堅学年のスタートにふさわしく、「学習と部活」を頑張ろうという前向きな目標が、たくさんあり、みんなのやる気を感じました。また、後輩に慕われるカッコイイ先輩になるという決意もたくさんあり、中堅学年としての自覚とプライドを感じました。一人一人の「がんばるぞ！」という気持ちを忘れず、あこがれる先輩であり、あこがれるクラスとなるように、みんなで力を合わせて成長していこう！

My　Introduction～担任自己紹介

* Birthday：1973.7.5（35歳）
* Holoscope：蟹座　＊Blood：B型
* Hobby：スポーツ
* メッセージ

優しく！熱く！そして「やるときゃやる！」そんなカッコイイ、一人一人＆クラスになりましょう！みなさんと一緒に素敵な一年を送りたいです。よろしくお願いします。

○　教科担当の先生方紹介　○

国語：先生　音楽：先生
数学：先生　美術：先生
社会：先生　保健体育　男子：先生
理科：先生　女子：先生
英語：先生　技術（後期）：先生
家庭（前期）：先生

今日から授業もスタート！先生方と協力し、充実した授業を毎回創っていくべし！

4/20～4/24の二者面談の変更があれば、月曜日までにおねがいします！

■意気込みラベル　▲参画意識

004 スタートの３日間で学級の土台を仕込む

POINT
４つの仕込みで生徒が学級づくりに参画する土台をつくる

１学期のスタートには，学級や学年で，いろいろなことを確認したり，決めたりしなければなりません。学級組織や班活動，学級目標や決まりの確認など，教務から与えられた学活時数の中で，全てのことを決めるのはなかなか大変です。しかも，給食や清掃など，学級のシステムが確立していない中，スタート直後から実際に行う必要が出てくる場合もあります。とりあえず，仮のやり方で行うつもりでつくった土台が原因で，後々トラブルにつながることは少なくありません。実際に活動を行いながらもきちんとした土台を仕込むポイントを紹介します。

手順と TIPS

1 メリハリのある学級が持つ一体感の素晴らしさを仕込む
2 一人ひとりの居場所がありお互いに承認される安心感を仕込む
3 正のスパイラルを生み出す前向きな言動の雰囲気を仕込む

TIPS **具体的な場面で評価することで，効果を示す**

4 自分たちの想いを表現しあい，助けあい，学びあえる心の開放を仕込む

参画力を高めるアイデア

①メリハリのある学級が持つ一体感の素晴らしさを仕込む

楽しむ時には，学級全体が弾けるように盛り上がり，静かにすべき時には，全員の意識が集中する。生徒たちは，そんなメリハリのある学級を，まとまっていると捉え，心地よい一体感を得ます。しかし，学級が一体となる時には，生徒自身が学級の取り組みに集中して参画しているので，自分が参画していることに気づかないものです。生徒全員が学級づくりに参画し，まとまっているという状況を実際に生徒に体感させることが大切です。

最初の学活や入学式で，真剣に話を聞くことができたらすかさず褒めたり，学級全体で盛り上がった時には，一体感を共有したりすることも大切ですが，おすすめなのは拍手を締める方法です。自己紹介のスピーチをした後に，自分のテンポで拍手を締めくくります。拍手を受ける生徒が「せーの」と言い，全員で「パン」で締めてもよいですし，拍手を受ける生徒が「パン」，全員で「パンパンパン」でも OK です。ダラダラとやる気のない拍手が減るばかりか，学級に一気にメリハリと一体感が高まるので，おすすめです。

②一人ひとりの居場所がありお互いに承認される安心感を仕込む

環境が変わり，不安が大きい生徒に向かって「居場所があるから大丈夫だよ」と繰り返し伝えても，なかなか実感をさせることはできません。特に近年は，生徒同士の関わりあいが減ったことにより，同じ学級なのだから皆友達だというより，同じ学級に集まったというだけで，ほとんどが知り合いや他人というような希薄な人間関係の中で生徒たちは過ごしています。生徒の参画意識を向上させるためにも，生徒同士が対話したり，関わりあったりすることを通して，お互いを認めあうことが不可欠です。

そこで心理学の考え方を参考に，生徒の安心感を仕込みます。具体的には，「単純接触の法則」と「好意の返報性」の原理を学級活動の随所に散りばめるとよいと思いますので，２つの法則を紹介します。

「単純接触の法則」とは，人は，短時間でも何度も接触する人やものに好感を持ちやすいというものです。学級には30名前後の生徒がいますので，決まったメンバーとしか話をしないことはよくあります。しかし，授業や学活の時間に，繰り返し友達と活動を行うことで，相手に好感を持つ効果が期待できます。「好意の返報性」の原理は，人は自分が親切にしてもらうと，その好意と同等のものを返したくなるというものです。友達に親切にしてほしいのであれば，まずは自分が親切にすることで，学級全体の安心感や親切心が溢れるようになります。我々大人は「人の嫌がることをしてはならないのは，自分がやられたら嫌だから」と，ついついマイナスなことを言いがちですが，日頃からプラスの行動につながる声かけや取り組みを行うことが一人ひとりの居場所をつくり，安心感が高まる学級づくりにつながります。

③正のスパイラルを生み出す前向きな言動の雰囲気を仕込む

私は，生徒にお互いの頑張りを認めあったり，その頑張りに前向きな言葉をかけあったりできる学級になろうという想いを込め，「正と負のスパイラル」の話をします。特定の生徒一人の頑張りではなく，学級全体を褒める事象に気づいた時に話すことで，生徒も実感できると思います。

正のスパイラル	負のスパイラル
①少しだけ頑張ってみる	①少しだけサボる
②頑張ったことを褒められる	②サボったことを叱られる
③褒められて嬉しい	③叱られてムカつく
④嬉しいからさらに頑張る	④ムカつくからさらにサボる
⑤②へ戻る	⑤②へ戻る

同時に，お互いの頑張りを認めあう瞳と，その頑張りを褒め称える言葉の影響力についても伝えることができます。参画につながる発想を生徒に実感させながら伝えることで，学級づくりが正のスパイラルをつくりだせば，自然と生徒たちの手で学級がまとまり始めます。大切なのは，参画の発想を生

徒たちに気づかせ，実感させることにあるのです。

④自分たちの想いを表現しあい，助けあい，学びあえる心の開放を仕込む

私は，ラベルなどを通して生徒の想いを聞き出すのはもちろん，学活や授業中などにも，生徒の声を拾って，全体に返すようにしています。

自分の想いを表現できることや，恥ずかしがらずにわからないことをわからないと言えて，助けあうことは，学級に対して心を開くことにつながります。しかし，多感な生徒たちに，心を開放させるのは，難しいことなので，生徒が自分の気持ちを吐露できるような仕掛けをつくったり，その想いを伝えてくれた行為について，評価したり感謝を伝えることが大切です。

具体的には，学級目標づくりや学級役員決めなど，何かをつくりあげる活動を通して，生徒同士が自分の気持ちを表現したり，助けあったりすることで，学級に対して心が開放され，参画的な学級集団になっていくものです。

留意点・工夫

私は，スタートの３日間を「学級の土台を仕込む３日間」として捉えています。仕込むということは，実際に活動しながら教えるというイメージです。間違っても，生徒が言うことを聞く３日間のうちに，生徒を締めつけるのではなく，実際に取り組みをつくる中で，できた時には「しっかりと褒める」，できなかった時には「ルールを示す」ことが大切だと考えています。評価の判断基準は，もちろん生徒の参画が促されるか，滞るかによります。大切にしたいのは，生徒たちがそれぞれの仕込みの内容を実感したり，体感できたりした場面で，教師が話をして，状況や気持ちを価値づけするということです。場合によっては，スタートの３日間で，その状況が生まれないこともありますが，焦ることなく機会を探ることが大切です。

なお，黄金の３日間という言葉は，『中学の学級経営―黄金のスタートを切る“３日間のネタ”110』向山洋一・田上善浩編（明治図書）から学びました。

005 生徒のやる気を形に残す「ラベル式学級目標」

POINT

「ラベル式学級目標」づくりを通して生徒のやる気を形に残す

集団で取り組みをつくっていくうえで「目標」は不可欠なものです。しかしながら，目標をつくっても意識するのはほんの数日で，時が経つにつれて色褪せてしまうということは少なくありません。そして，その典型になりがちなのが「学級目標」なのではないでしょうか？

「自分たちの学級のめざす姿」として，１年にわたり折に触れて意識させることができる「ラベル式学級目標」を紹介します。

手順とTIPS

1. アンケートに答えさせながら理想のクラス像をイメージさせる （p.50）
2. B６サイズの用紙を配付し，記入の仕方について説明する

TIPS **ラベルはそのまま活用するので，文字は大きく丁寧に書かせる**

3. 全員がラベルを記入したら，黒板上でラベルワークを行う
4. ４～７グループができたら，グループごとに看板を決める
5. 学級全体で看板を確認し，全体のタイトル＝学級目標を決める
6. 学級目標を目立つように清書してラベルワークとともに掲示する

参画力を高めるアイデア

生徒たちは，「こんなクラスは嫌だ」とか「こんなクラスになりたい」というアンケートに答えることで，少しずつ「自分の理想のクラス像」「こんなクラスになりたい」という想いを固めます。一人ひとりの意見が，学級全体の目標につながりますので，目標として相応しい言葉を使ってほしいという担任の想いを伝えてもよいと思います。

ラベル式学級目標は，最終的にはラベル自体を目標として残しますので教室の後方からでも見えるように，Ｂ６サイズの紙に「理想のクラスのイメージ」と名前をマジックで書きます。前向きな内容を書かせるように，事前に指導してもよいでしょう。

各自のラベルが完成したら，Ｂ６サイズの紙の裏にシールつきのマグネットを貼らせ，下の写真のように黒板上の模造紙にラベルを貼らせます。その際，自分の意見と似ているラベルの側に貼るように指示します。

４～７グループができたら，同じような意見のラベルを書いたメンバーで話しあい，自分たちのラベルの中で，特に伝えたい想いを看板としてつくり，Ａ４サイズの紙にマジックで書いて提出します。教師は，ラベルを模造紙に仮留めし，看板を黒板に貼り付けます。

ラベルワークにかなり慣れている生徒たちや教師でも，１コマ50分で，ラベル書きから学級目標完成までさせるのは，難しい

ものです。学級目標の候補として，２つか３つぐらいまで挙げさせるところで，時間切れとなった場合は，学級のリーダー集団などと一緒に決定するか，最終候補として２つほどつくることを確認し，最終決定は後日学級で行うようにしています。

大切なことは，学級の生徒全員が，学級目標づくりに参画したということを理解させることです。そのためにもラベル式学級目標は，看板からつくられ，その看板は，一人ひとりのラベルからつくられたという学級目標完成までのプロセスを生徒に繰り返し伝えます。一人ひとりの意見や目標が学級目標につながっていることを伝えることで，他人ごとになりがちな学級目標を，自分ごととして捉えさせることが大切だと考えています。

学級全体で，目標が確認できた後には，自分たちが学級目標をつくるまでのプロセスがわかりつつも，学級目標として相応しい体裁を整える必要があります。過去には，ラベルワークをそのまま残し，ラベルワークの上部に学級目標を書く形にしていることが多くありました。

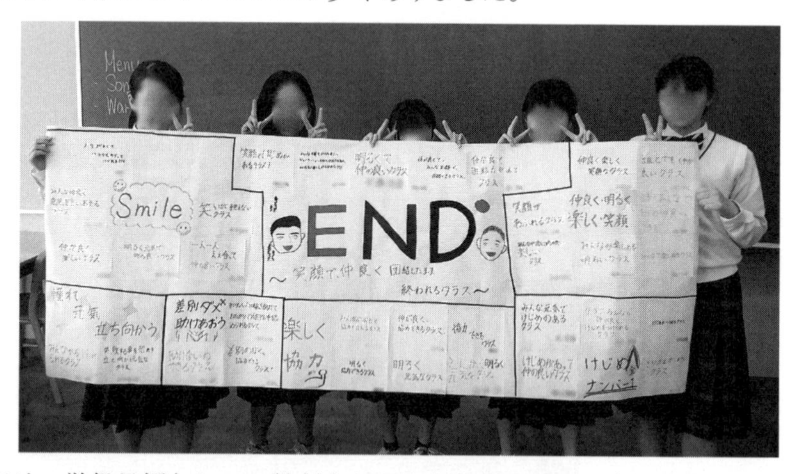

近年は，学級目標としての役割をしっかりと果たせるような作品が増えてきています。多くの場合，デザインが得意な生徒たちや美術部の生徒たちの手により，まさしく「作品」という言葉が相応しいような，素晴らしい学級目標ができることが多くあります。

しかしながら，「作品」としての学級目標をつくるにあたり，生徒が書いた全てのラベルを必ず使うことと，元のラベルと看板の関係性がわかるように配置をしてほしいという２点をお願いしています。美術部の生徒などが中心になって学級目標を仕上げると，ついつい「作品」としての側面に意識が向いてしまいがちです。しかし，学級目標がいかに作品としてのレベルが高まっても，学級一人ひとりの想いでつくったという参画の発想が残らなければ，本来の学級目標としての役割が半減してしまいます。

留意点・工夫

ラベル式学級目標は，一人ひとりが考える「理想の学級とは？」というテーマで全員がラベルを書き，そのラベルをもとにラベルワークをしてつくられます。こうすることで，全員のラベルと想いを活用した学級目標をつくることができます。完成した学級目標は「自分たちの学級のめざす姿」として，折に触れて意識させ，学級でトラブルが起きた際などには，「この学級目標をつくった時の気持ちを思い出そう」と訴えかけます。

また，３月に１年間過ごしてきた教室から卒業や進級をする時には，めざす姿へと成長した自分たちを互いに称えあう意味あいで，全員で学級目標をコールして学級の締めくくりを演出します（p.141)。

006
「一人一役の学級組織」で参画的学級をつくる

POINT
一人一役による学級組織づくりで生徒全員が参画する学級をつくる

生徒が学級に参画するためにも，学級生活は学級全員の協力のもとで進められるべきであり，それぞれの生徒が力を発揮するためには，機能的かつ参画的に働くシステムが必要になります。

「一人一役の学級組織」は，学期や前後期というある程度の期間における学級や学校の役割を，生徒全員が担当することになるので，学級に参画的に関わることになります。全員が学級に貢献することで，毎日の学級生活がスムーズに送れるのはもちろん，学級の参画力が高まります。

手順とTIPS

1. アンケートでリーダーとしてふさわしい人を男女１名ずつ挙げてもらう
2. 黒板に学級人数分の役職を書き全員に氏名マグネット（p.33）を配付する
3. 学級総務係（執行部）→委員会→学級の係の順に決める
   ＊生徒会本部役員が，委員会や学級役員を兼任できない場合は先に決める。
4. 学級総務の係と委員会の委員については，複数候補者がいる場合は選挙とする
   ＊役割が決まるごとに氏名マグネットを役割の下に貼る。
5. 学級の係は，それぞれの役の下に自分の氏名マグネットを貼る
   ＊総務と委員以外が重なった場合は，話しあいやジャンケンで決める。

参画力を高めるアイデア

一人一役による学級組織という字面から判断すると，学級の全員が学級の役割を個々に担うというイメージが湧くと思います。しかし，学級の参画力を向上させるためには，一人ひとりが担う役割を，いくつかのグループに分けることで，学級にもう一つのグループの機能を取り入れることができます。

学級組織を決める時には，中長期的な視点をしっかりと持ち，一人ひとりの活躍で学級の参画力が高まる組織をつくりあげることが大切です。具体的には，係グループとして学級の全ての役割を「総務」「環境」「情報」「健康」などに分類し，グループの中でお互いの役割を助けあったり，チェックしあたりします。さらに，学級の課題などに対して，係独自の取り組みなどをつくると，集団へ貢献する意識や参画力を向上させることにつながります。

総務係	学級委員長／副委員長・議長／副議長・書記・会計など
学習係	教科連絡係・家庭学習や図書などに関わる役割
厚生係	健康調査係・環境整備係・おかわり係
情報係	配付／掲示係・集配係・タブレットなど情報機器に関わる役割

留意点・工夫

年度の初めやクラス替えの直後は，リーダーが立候補してこない傾向がありますが，生徒のやる気だけを頼りに総務係などの大役を決めると，うまくいきません。学級組織を決める前に生徒からアンケートをとり，名前が挙がった生徒に個別に声をかけておくと，周りに応援してくれる仲間がいることを安心して，立候補してくれます。

全員の協力がないと決められないのが一人一役の学級組織ですから，譲りあいや協力が大切だと伝えるとよいでしょう。

007 参画力を高める席替え & 班活動

POINT

リーダー集団に学級の席替えと班活動の責任を持たせる

中学生にとって席替えは大きな問題なようで，仲のよい友達が近くにいなくて不安だとか，好きな人が隣にきて嬉しいだとか，まさしく一喜一憂します。しかし一方で，席替え後に授業が騒がしくなるなど，学級の問題につながることもあるので，生徒の好き勝手や運任せにするのはあまりおすすめしません。

中学校では，多くの場合くじによって座席を決定するようですが，席替えやその後の班活動に，班長の責任を与えるためにも，席替えと班活動を班長中心に行うことで，班長の学級への参画意識を高めることができます。

手順と TIPS

1 学級の総務係を班長と兼任させるか，班長を学級の班の数だけ選出する

TIPS 班長に相応しい人のアンケートをとって決めてもよい

2 班長が班員を選ぶか，班長と班員をくじで決める

TIPS くじの場合，班長からくじを引き，その後班員がくじを引く

3 班長と班員が決まったら，班長で相談して座席の場所を決める

4 班長が中心となり，当番表の作成や班で使用するロッカーなどを整える

参画力を高めるアイデア

班活動を日直的な当番活動にするのではなく，班長などのリーダーシップを高める機会にするためには，班長に決定権を与えたり，権限を与えたりすることが必要になります。もちろん，班長によっては，一人で突っ走ってしまったり，どのように指示すべきかわからなかったりする生徒もいます。そこで，誰にでも班長としての役割が務まるシステムをつくるとよいでしょう。

具体的には，席が決まったのち，班長が中心となって，給食当番表や清掃分担表などを作成させます。

当然ながら，仕事を割り振りするだけが班長の仕事ではなく，当番活動に積極的に取り組むのはもちろん，協力して当番活動に取り組むように声をかけさせることが大切です。

また，班長以外のメンバーも自分の役割を自覚することが大切ですから，自分の役割がわかるように視覚化するとよいでしょう。

給食＆清掃の分担表

※責任を持って当番をしましょう。また，仕事は平等に分担していきましょう。

運搬・配膳分担表　班：　班長：

	月	火	水	木	金
給食台運搬（行き）ご飯配膳					
給食台運搬（帰り）汁食配膳＋給食台ふき					
おかず・牛乳・スプーン等配膳					

給食分担表　班：　班長：

	月	火	水	木	金
ご飯盛り付け					
汁食盛り付け					
おかず盛り付け					

牛乳パック分担表　班　班長

	月	火	水	木	金
バケツ水くみ					
バケツ水捨て→バケツ洗い					
ぞうきんで床拭き					
バケツ洗い					
パックを運んでトレイ洗い					

掃除分担表　班　班長

	月	火	水	木	金
掃き＋机運び 掃き＋机運び 廊下モップ＋ちりとり					
机運び＋ゴミ捨て					
黒板・黒板下水拭き					
雑巾モップ					

留意点・工夫

班長といっても中学生ですから，自分の気分感情を優先して席が決まることや，学級内の一部の生徒の思い通りになってしまうことへ不安を持つ先生もいるかもしれません。そのような不安がある場合には，班長と班員をそれぞれくじで決めた後に，教師も入って席決めを行います。教師もいる中で，話しあいを行うことで，自分たちの学級を自分たちでよくしなければという発想が育つように思います。

■振り返りラベル

008 個々の参画意識を向上させる「学級日誌」

POINT ラベル活用型学級日誌で俯瞰する力を育てる

中学校の日直の仕事といえば，号令や黒板消し，そして学級日誌の記入などが挙げられます。しかし，学級日誌の記入は，面倒くさがり屋の生徒にとっては，あまり人気がないうえに，せっかく書いた日誌があまり読まれていないという実態があります。

そこで，せっかく一生懸命に書いた学級日誌とラベルを活用して，自分たちの生活を振り返ったり，俯瞰して捉えたりする力をつける取り組みを紹介します。

手順と TIPS

1. 日直の生徒は，学級日誌とラベルを，前日の日直から受け取る
2. 日直の生徒は，学級日誌を記入し，最後にその日の様子をラベルに書く

TIPS 書いたラベルは，「学級の足どり」（p.70）として活用することを伝えると，内容が充実する

3. 放課後，日直は記入した学級日誌をラベルとともに担任に提出する
4. 前日の日直は，学級日誌の担任のコメントを確認し，次の日直に手渡す

参画力を高めるアイデア

副教材として購入した学級日誌を活用する場合も，担任が学級日誌のシートを独自につくる場合も「今日の学級の様子」という項目は不可欠だと思います。そしてこの項目こそが，日直が感じた学級の様子や学級が抱えている課題が表出しやすい箇所ですし，この項目を書く際に，学級の様子を俯瞰することが求められます。日直の生徒は，学級日誌に学級の様子を記入することを通して，自分がその日の学級の様子や出来事をどのように捉え，そしてどのように関わっていくべきなのか考える機会になります。教師は，日直が学級日誌ラベルに書く内容や視点から，その生徒の学級への参画意識を知ることもできると思います。

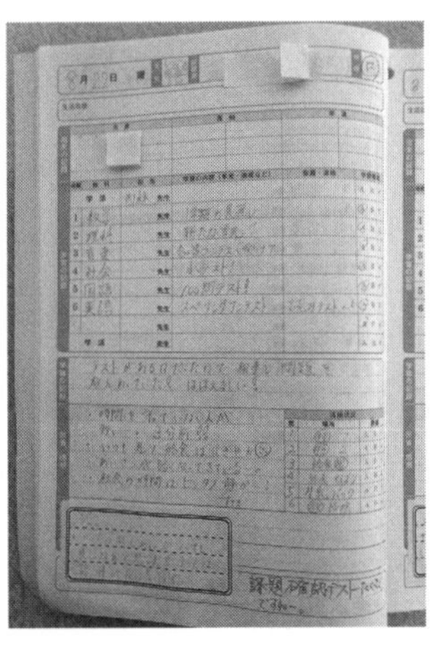

参画文化研究会の複写式ラベルを使用すれば，記入したシールラベルを学級日誌に貼り付けることができます。さらに，１枚目と２枚目の黄色とピンクラベルは，日誌に挟んで教師に提出することで，教師が帰りの会などで学級に伝えることもできます。また，次頁で述べる「学級の足どり」づくりとして活用してみてもよいでしょう。

留意点・工夫

日直の生徒が学級の様子について振り返って記入するという活動には，生徒が自分たちの生活の様子や雰囲気を俯瞰するという力が求められます。ラベルを活用した学級日誌を用いて，学級を俯瞰して捉える力をつけていくことが，生徒が集団に関わっていくことにつながります。

009 学級日誌のラベルを活用する「学級の足どり」

POINT
「学級の足どり」で学級の課題を明確にする

「学級の足どり」には，生徒が日直の時に記入した「今日の学級の様子」のラベルを活用して，学級の状況や課題に気づかせたり，視覚化させたりするというねらいがあります。それぞれのラベルは，日直が感じた学級の様子ですので，それらをまとめることで，学級の雰囲気やその時期の課題が明確になります。

手順と TIPS

1 日直は，学級の様子をラベルに書き，担任に提出するか模造紙に貼る

TIPS **時間軸や基準の軸を設定しておくと貼りやすい**

2 ラベルが，20～30枚になったら，班長会を開く
3 班長会でラベルを読みながら，今の学級の状態について話しあう
4 ラベルを５～７グループに分け，グループの看板をつける
5 グループの看板から，全体のタイトルを決める

TIPS **課題の解決法についても話しあうとよい**

6 関係線などを引きながら，学級全体に伝えたいことを話しあう

参画力を高めるアイデア

班長会では，集められたラベルを用い，学級の課題やその改善方法について交流しながら「学級の足どり」をつくります。一枚一枚のラベルをじっくりと読むことで，学級の課題と成果を中長期的に捉えさせることにつながります。すると班長たちは，共通の想いを持って課題に向けた行動ができ，参画力が高まります。

班長以外の生徒たちにとっても，日直として自分が書いた「今日の学級の様子」のラベルが「学級の足どり」に使われ，学級の仲間たちに見られることを考えると，友達のよいところや，改善に向けた様子などを記入するようになります。また，完成した「学級の足どり」の中で，自分や友達のラベルがどのように活用されているかを視覚的に捉えることで，ラベルの内容が参画的になり，内容も充実します。

留意点・工夫

３年生を担任する時には，日直の生徒にカメラを持たせて写真を自由に撮らせ，ラベルと写真の両方を用いて，「学級の足どり」をつくります。生徒同士で写真を撮ると，生徒たちの素の様子を収めることができるので，卒業アルバムに活用することもできます。

Column

最初の３日間で生徒が参画する学級の土台をつくる

❶小学校から学級崩壊を繰り返す生徒たちとの出会い

小学４年生の頃から，学級・学年崩壊を繰り返してきたこの学年は，小学校卒業を目前にしても落ち着かない状況でした。結局小学校では上手にリセットできないまま中学校に入学した生徒たちは，非常に強い学校不信，教師不信を抱えていました。そんな学年を２年生から担任することになった私は，この学年のことを，ひどく幼い生徒たちの集まりだと思っていました。

しかし，彼らだって，ただ反抗したいというわけではなく，本当は楽しく過ごしたいし，友達を大切にしたいという強い気持ちを持っていたようです。だからこそ，自分たちや友達に問題児のレッテルを貼って，抑え込もうとする大人たちに対抗し，友達と協力して先生たちや学校に反抗していたのかもしれません。

❷参画ツールを使って，生徒たちを学級に参画させる

私はこの学級の担任として出会った時に，前日に作成したラベル式学級通信（p.52）を配りながらこう伝えました。

「君たちはすごいパワーを持っていると思う。もちろん，そのパワーを上手に使っていないこともあるし，今の学年や学級の状態が当たり前の状況だと思っていない」。すると，やんちゃな生徒数名が，ギラギラとした目で睨みつけてきました。「でも，皆が昨日書いてくれたラベルを見ると，きっとここにいる全員が，すてきなクラスをつくりたいという想いを心の中に抱いていると思う。そして私は，その気持ちを信じる。だからこそ過去からの偏見を一切持たずに，まっさらな瞳で君たちを見ることを約束する」。

そして，ラベル式学級目標（p.60）の提案を，次のように続けました。
「クラスは誰か一人でつくるものではない，皆でつくっていくものだ。だからここにいる全員が，過去に縛られることなく，皆で理想のクラスについて書いて，それを学級目標にすることで，飾り物ではなくいつでもこのクラスの皆がめざせる学級目標をつくろうと思う」。

❸教師の学級の姿勢を示す働きをするラベルワーク

生徒たち全員から非常に前向きなラベルが集まり，ラベルワークを通して，「仲よしクラス」「明るくて楽しいけじめのあるクラス」「協力しあえるクラス」「明るく楽しく元気なクラス」の４つのグループ看板にまとまりました。生徒たちは，きっと過去のけじめのない，落ち着きがない，そして殺伐としたイメージの教室やクラスを変えたかったのだと思います。ここには，事前に行った，アンケートラベル（p.50）やラベル式学級通信の効果が出ているように感じました。

ラベルのグループができた後，それらのエッセンスを活用して最終的な目標とする作業は，全員のアイデアをクラスの目標に高めるという苦労を伴います。しかし，皆で学級の進むべき方向を決めるようで心地よい時間でもあります。そして，最終的なタイトルを生み出したのは，周りから恐れられ，先生がたからマークされていた学年・学級のボスでした。彼は，なかなかまとまらない４つの看板をじっと見つめ「『団結・スマイル・フレンドリー』ってのはどう？」とぶっきらぼうに声を上げました。それが鶴の一声になり，「団結・スマイル・フレンドリー～笑顔があれば何でもできる！！！！！！～」という学級目標が完成しました。

学級目標が決まった後に，他の生徒から褒められているボスが「よい目標だろう？」と嬉しそうに話している姿は今でも思い出すことができます。もちろん，この後もたくさんの問題が起きた学年でしたが，この学級開きが生徒の参画意識が変わる一つのきっかけになったことは間違いありません。

第4章

参画力を
一気に向上させる
行事の取り組み

■アイデア＆アンケートラベル・意気込みラベル
▲参画意識

001 行事で学級の参画力を一気に高める

POINT

行事の目標を生徒たちに意識させる

一口に行事といってもいくつか種類がありますが，生徒たちにとっては，体育祭やコンクールのように，順位や結果が明確に見える方が，順位＝学級のまとまりと考えやすいようです。しかし，我々教師は，行事で最も大切にすべきことは，集団のまとまりをつくることにあるということを理解して，生徒に伝えることが大切です。

手順と TIPS

1 取り組み期間前から，担任としての想いを伝え気持ちづくりをする

TIPS **順位や賞などの結果は行事の「目標」に過ぎず，学級のまとまりこそが行事の「目的」だということを伝える**

2 アンケートラベルの用紙を配付し，記入の仕方について説明する （p.50）

3 生徒へアンケートラベルの使用方法について伝えると安心感が増す

TIPS **リーダー選出やスローガンのアイデアに活用する**

4 プライバシーに注意しながら，早く書けた生徒の意見を紹介する

参画力を高めるアイデア

リーダーの生徒を中心に，行事の練習が進む場面や，お互いの想いをぶつけあったり，困難やトラブルを乗り越えたりする様子は，行事を通して生徒が参画するイメージとして浮かびやすいと思います。

しかし，それらのイメージを現実のものにするためには，取り組みの前から準備をすることが大切です。生徒が書いた行事への「意気込みラベル」を活用したラベル図解をつくり，全員の気持ちを視覚化したり，「アイデア＆アンケートラベル」を参考にプロジェクトスタッフを選出したりします。行事の取り組みを通して，学級の参画力を高める難しさと素晴らしさを伝えて，生徒の気持ちを前向きにするとともに，その想いを形に残すとよいでしょう。

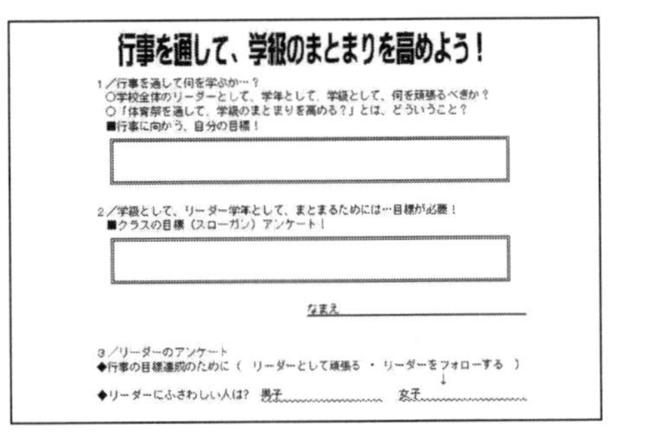

行事を通して、学級のまとまりを高めよう！

1／行事を通して何を学ぶか…？
○学校全体のリーダーとして、学年として、学級として、何を頑張るべきか？
○「体育祭を通して、学級のまとまりを高める？」とは、どういうこと？
■行事に向かう、自分の目標！

2／学級として、リーダー学年として、まとまるためには…目標が必要！
■クラスの目標（スローガン）アンケート！

なまえ

3／リーダーのアンケート
◆行事の目標達成のために（　リーダーとして頑張る　・　リーダーをフォローする　）
◆リーダーにふさわしい人は?　男子　　女子

留意点・工夫

行事の取り組み前には，生徒たちも前向きに取り組もうと意識を持つので，教師もそのムードに乗りがちです。しかし，勝敗や賞などの結果だけにこだわりすぎると，取り組みや練習がうまくいかない時に，煽るような発言が増えたり，生徒同士がお互いを批判するようになったりして，学級の雰囲気が悪くなります。そうなると行事を通して集団がまとまるどころか，人間関係がギスギスし，プレッシャーや学級への不満が高まり，行事のせいで集団が崩壊することさえも起こり得ます。体育祭や合唱コンクールは，勝敗がつくものですから，勝利をめざすことも大切ですが，それ以上に行事を通して学級のまとまりをつくることが大切だということを忘れるべきではありません。

■振り返りラベル　▲参画意識

002 「振り返りシート」で参画意識を向上させる

POINT

「振り返りシート」で生徒一人ひとりの参画意識を向上させる

行事に対する生徒一人ひとりのやる気には，どうしても温度差が出るものです。自分を認めてほしい気持ちや生徒同士の取り組みへの温度差を上手に解消させないと，不満や，承認欲求からネガティブな言動が表出し，場の雰囲気を壊すことにつながります。

毎回の練習・取り組み時間の後には，「振り返りシート」に自分の想いを記入させたり，振り返りラベルを貼らせたりします。リーダー集団がそれを読み取り，学級全体に意見を返したり，学級担任が学級通信として活用したりすることで，自分の意見が大切にされ，学級に発信されているという感覚を得ることができます。

手順とTIPS

①取り組み初日に「振り返りシート」を配付し自分の「掟」を書く

TIPS　「掟」は，自分が頑張ることを具体的に書かせる

②全員が毎回の取り組み時間後に，「今日の反省や感想」を書いて提出する

TIPS　生徒に流れを理解させると，参画的な活動になる

③よい意見は学級全体に紹介するか，「学級の足跡」（p.90）に活用する

参画力を高めるアイデア

①振り返りシートの見取りポイント～序盤

取り組みの序盤には，生徒たちの気持ちは高まっているものの，振り返りシートを書くことに慣れていないこともあり，自分自身の取り組みの様子や感じたこと，雰囲気や表出した出来事など比較的うわべのことが書かれる傾向にあります。もしかしたら，あまり内容がないように感じることがあるかもしれませんが，それぞれの生徒の想いを大切にするということは，意見と想いを書いてくれた一人ひとりを大切な存在として認めることにつながります。振り返りシートには，飾らない言葉や想いを自由に書いてよいという雰囲気をつくっておくことが大切です。

②振り返りシートの見取りポイント～中盤

振り返りシートには，その日の練習への取り組み姿勢や，一人ひとりの想い，さらには学級全体の雰囲気や成果と課題が如実に表れますので，生徒たちのシートを読むことで，その日の取り組みの様子や学級集団の想いを感じ取ることにつながります。取り組みの中盤に入り，少しずつ振り返りラベルの内容が高まってきたら，特によい意見や，学級全体に伝えたい想いが記されたラベルを読み上げて学級に伝えます。こうすることで，実際に想いや意見を交流する時間がなくても，お互いの想いを知ることができます。また，どのようなことをラベルに書いているかを紹介すると，相互に刺激を与えあうことにつながるので，意見や反省の質や集団全体を見る力が高まります。

③振り返りシートの見取りポイント～終盤

取り組みが終盤に入り，学級の集団づくりが進むと様々な好機やトラブルが一気に押し寄せます。学級の中での取り組みの温度差が問題になるのもこの時期です。学級全員が行事の目的をしっかりと押さえ，目標に向かって進めていればよいのですが，取り組みに対する疲れやプレッシャーが高まり，取り組みに対するちょっとしたすれ違いなど，集団が成長するのに乗り越えなければならない壁が明確になります。リーダー集団とともに，それぞれの意見に表れる想いを読み取り，個別の声かけをしたり，全員が前向きに取り組める声かけをしたりすることに活かします。

予行練習や総練習の機会などには，生徒一人ひとりが「振り返りシート」を活用して，自分自身の気持ちがどのように変化してきたかや，目標や集団に対する想いの変化などに注目させる機会を持ってもよいと思います。

魁!情熱団!!
金賞への架橋

情熱団～合唱祭の掟～
一　合唱祭の目標は仲間作り！…仲間作りを大切に頑張る！
一　合唱練習を頑張るのは当たり前！…生活と授業を頑張る！
一　合唱祭は一人一人の力あわせ！…[illegible]

	今日の動き	今日の練習を終えて反省＆明日へ
6日（月）	取り組み開始	[illegible]
7日（火）	プレオリンピック	[illegible]
8日（水）		[illegible]
9日（木）		[illegible]
10日（金）	オリンピック	[illegible]
14日（火）		[illegible]
15日（水）		[illegible]
16日（木）	合唱クリニック	[illegible]
17日（金）	文協テスト	[illegible]
20日（月）		[illegible]
21日（火）	文化センター練習	[illegible]
22日（水）		[illegible]
23日（木）	文化祭総練習	[illegible]
24日（金）	前日準備	[illegible]

合唱祭を終えて… [illegible]

留意点・工夫

取り組みを通した個人の経験のプロセスを振り返ることで，中学生が是非とも身につけたい「俯瞰する力」につなげることができると考えています。振り返りシートには，毎日振り返りを書くかラベルを貼るので，自分の活動や考え，または反省が積み上がっていきます。行事の取り組みという実際の経験を通して，自分が感じたことや考えたことを俯瞰して振り返り，学んだことを概念化することで，次に新しい環境や条件でも，学んだことを応用することができる問題発見・解決能力が身につきます。

取り組みが終わった際には，行事をただの思い出にしてしまうのではなく，自分の考えたことやシートに記入した想いや気づきについて，しっかりと振り返り，学びの段階にまで高めることにまでつなげたいものです。振り返りシートの最後には，取り組み全体を振り返って，「自分がどのように成長したか」や，「学級づくりにおいて，どのような役割を果たしたか」を考えさせることで，生徒一人ひとりの参画意識を向上させます。

また，振り返りシートに記入された内容は，学級全体の足跡づくりに活用されます。取り組み期間は朝の会などで前日の取り組みを振り返り，選ばれたラベルを学級全体で紹介することにより，学級全員のラベルの質が急激に向上します。まさに生徒同士がラベルを通して，相互に刺激しあい，コメント内容の質と参画的視点が向上します。

歴史をつくれ！
Make history！

2－1情熱団 ～体育祭 鉄の掟～
体育祭の最大の目標は、学級の団結…仲間との力あわせを頑張るべし
体育祭練習と当日に頑張るのは、当たり前…日常生活と授業を頑張るべし
体育祭は仲間との力あわせ…

	練習場所・内容	今日の練習を終えて感想
20日（月）	■全校練習 ■学年練習 ■学級練習【トラック+フィールド】 前半：全員リレー 後半：Take7	
21日（火）	■全校練習 ■学年練習 ■学級練習【トラックの外（西側）】 前半：全員リレー（バトン） 後半：大縄	
22日（水）	■総練習 ■学級練習（もしあれば？）	
25日（金）	■全校練習 最終調整	
26日（土） 体育祭本番		

体育祭を終えて…

合唱コンクールに向けて…

●プロジェクトグループワーク　▲参画意識

003 参画力を高めるプロジェクトグループの活動

POINT
プロジェクトスタッフを中心にした取り組みで参画力を高める

プロジェクトスタッフの行事への参画は，学級全体の活動が始まる前からスタートし，当日や反省が終わった後まで続きます。

行事の時期は先生がたは分掌の業務があり大変忙しく，なかなか学級につけないと思いますが，参画的な学級づくりの場合，忙しいのは事前と最初だけで，実際に取り組みが始まると，プロジェクトスタッフのメンバーがどんどん主体的に取り組めるようになります。行事の取り組みは，生徒が学級づくりに参画する非常にわかりやすい場面になりますので，教師は，企画段階から生徒を取り組みに関わらせる仕掛けを用意することが大切です。

手順と TIPS

①取り組み期間の開始前にプロジェクトグループを立ち上げる

TIPS アイデア＆アンケートラベル（p.19）を参考にメンバーを決定する

②スタッフ会議を開き，目標・スローガン・計画の立案を行う

TIPS スタッフの生徒がイニシアチブをとれるようにする

③取り組み中や取り組み後もスタッフ会議で学級の参画力を高める

■取り組み期間中のプロジェクトスタッフの役割と流れ

【準備すること】 活動内容や練習内容を事前に全体へ伝え，使うものを準備する
【はじめの会の内容（例）】 ①はじめの言葉　②今日の目標・計画　③先生から （④円陣：スローガン）
【取り組み時間】 練習や取り組みの運営や進行
【振り返りの内容（例）】 ①はじめの言葉　②プロジェクトスタッフからの反省　③先生から

参画力を高めるアイデア

A. スローガンと練習計画の決定

スローガンは，取り組み期間中に学級の生徒たち全員が常に意識でき，皆で唱えることで，自然と勇気ややる気が湧いてくるものにします。スローガンは，目標と一致していることが大切ですが，その目標が「体育祭優勝」だとか「最優秀賞」だけではなく，取り組み全体の目的に関わるような内容にすることが大切です。

また，スムーズに活動のスタートを切れるように，リーダーに取り組み計画を立てさせたり，必要な備品等について準備させたりするとよいでしょう。参画的な発想を持った経験のない生徒たちは，物事の見通しを持ったり，準備をしたりした経験がありませんので，自分たちの力で取り組みをつくるイメージが湧きません。取り組みの最初は，教師が先を読んでアドバイスし，少しずつ自分たちで考えて行動できるようにすることが重要です。

B. キーワードの共有と練習運営

活動が始まると，プロジェクトスタッフが，全体に向けて声をかける場面が増えてきます。彼らの言動が学級の雰囲気や練習のムードに影響しますので，プロジェクトスタッフで，声かけの仕方を確認しておきます。生徒たち自身が「ネガティブな声かけは，雰囲気が悪くなる」ということに気づくようにすることが大切です。私は，動のキーワードである「素早く動こう！」と，静のキーワードである「集中しよう！」の２つを与えるようにしています。プロジェクトスタッフの中には，集団全体に声かけをした経験が少ない生徒もいますので，最初は戸惑いますが，「君たちは学級全体の先頭に立って，皆を引っ張る存在になろう」と粘り強く声をかけます。

C. 学級の足跡づくりとミーティング

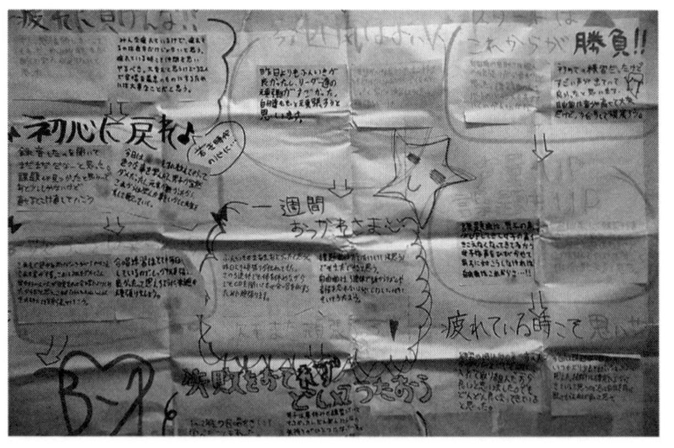

行事の取り組み期間中には，放課後10～20分程度のプロジェクトスタッフのミーティング時間を確保し，その日の取り組みの反省と，翌日の具体的な練習や取り組み内容を決定します。ミーティングでは，目には見えづらいけれども，取り組みの中では非常に大切な，学級全体の雰囲気や，行動，発言などについても自由に交流することが大切だと感じています。

また，プロジェクトスタッフは学級全員が書く「振り返りシート（ラベル）」を読み，その中から特徴的な意見を「今日のラベル」として選出し，ラベルか転記した紙片を，その日の「学級の足跡」としてタイトルをつけます。プロジェクトスタッフたちは，「学級の足跡」づくりを通して，今，学級全体がどのような状態にあり，何が必要なのかを，一枚一枚のラベルからまさしく感じ取り，学級の状況に即した取り組みを進めることができます。

D. まとめ

取り組みが終わったら，活動の価値づけを行わせることで，自分たちの取り組みの成果を明確にします。成果を行事の時期のものだけではなく，身につけたことや学んだことを日常生活でも活かせるようにすることが大切です。具体的には，「学級の足跡」を振り返って，ラベルワーク全体のタイトルをつけ，プロジェクトスタッフの想いや学級全体へのメッセージなどを記入します。結果ばかりに意識が向いてしまう生徒は，「賞を得られたから，思い出に残った」とか「優勝できなかったから，取り組みが失敗した」という感覚を持ってしまいがちです。しかし，結果ではなく取り組み自体をしっかりと振り返って，価値をつけることで，たとえ自分たちが描いていた目標を達成することができなかったとしても，取り組み自体が無駄になるのではなく，その過程こそが意味があり，成果であったと理解することができます。まとめを通して，行事の取り組みだけでなく，毎日の生活においても成果を活かしていこうという感覚を生徒自身に持たせることが大切です。

留意点・工夫

行事の取り組みへ生徒が参画するためには，生徒自身が取り組みに関わるシステムを構築する必要があります。そこで，リーダー集団としてのプロジェクトスタッフを立ち上げ，学級の取り組みを推進させます。リーダー集団へは，リーダーシップの心得を話すとともに，学級全体にはフォロワーシップの大切さについて伝えることを忘れてはなりません。

プロジェクトスタッフは，学級委員に兼任してもらうこともあれば，アンケートにより選出することあります。工夫としては，アンケートにも必ず記入者の名前を書かせることです。こうすることで，アンケートに責任を生じさせるとともに，自分がリーダーに立候補したい場合は，自分の名前を書くように伝えると，個人の取り組みへの意欲をつかむことができます。

004 取り組みの推進力を高めるグループワーク

POINT
「グループワーク」を活用して学級の参画力を高める

学級で行事の取り組みに向けた目的を確認しプロジェクトグループが立ち上がったら，プロジェクトスタッフとグループワークを行います。行事では，合唱祭はもちろん，体育祭などの場合も実際に活動が始まるとすぐにパートや種目ごとに活動することが増えます。合唱の取り組みを例に挙げれば，各パートが１つのグループとなり，各学級３つ，多い時には４つのパートがそれぞれ練習するというわけです。取り組みを充実したものにするには，グループごとの練習を充実したものにして，さらに他のグループとの連携を図る必要があります。教師が全てのグループを見ることは不可能ですから，参画ツールの「グループワーク」の手法が大きな効果を果たします。

手順とTIPS

1. 取り組み前にプロジェクトスタッフと声かけの仕方などを確認する
2. 各グループのプロジェクトスタッフを中心に，統一感を持って活動する
3. 全体の反省会の際には，必ず各グループの様子や進捗状況を交流する
4. プロジェクトスタッフは放課後の会議等で，各グループの状況を交流する

TIPS
教師がリーダーのフォローとガス抜きを行うことも重要

参画力を高めるアイデア

充実したグループワークを行うためには，グループリーダーはもちろん，メンバー全員が，どのようなことに気をつけて活動を行うべきかをしっかりと捉える必要があります。そこで，グループリーダーはプロジェクトスタッフのメンバーを兼任することとして，グループごとの取り組みが，学級全体の取り組みと連動するようにします。

中学校の場合，音楽の授業時間に合唱練習が行われることが多く，各パートのリーダーは，音楽科の教員と連携しながら選ぶことが多くありますが，リーダーが活動への参画的な視点を持てず，集団を注意することに終始したり，時にはけなしたりすると，グループとして活動がギスギスとしてしまいます。集団が参画的に動き出すには，集団の中からイニシアチブをとる者が現れ，自分たちで集団への関わり意識を高める必要がありますし，その役割は仲間をけなすのではなく，仲間と共に行動したり，仲間の行動を促したりするものでなければならないはずです。ましてや，合唱の取り組みは，学級内の仲間と気持ちを一つにして，自分を開放する必要があります。取り組みを開始する際には，何を大切にすべきかを丁寧に話し，起こる可能性のあるトラブルについて，事前に説明することが重要です。

留意点・工夫

リーダーの生徒によっては，「厳しいことや言いづらいことを言いあってこそ，本当の仲間だ」的な発想を持って，仲間に厳しく当たってしまい，リーダーの言動についていけないメンバーからの不満や不安が高まり，グループワークが崩壊することはよくあります。行事が行われる時期は，人間関係のトラブルが起きやすいので，他のグループの批判をしたり，誰かを排除したりすることなく，お互いを配慮した言動をとらせたいものです。

005 行事の取り組み計画を自分たちで立案させる

POINT 自分たちの取り組みを自分たちで計画・実行させる

行事の取り組みや練習を，教師に「やらされる」のではなく，自分たちで主体的に「やる」状態にするためには，生徒たち自身が取り組みに参画していくことが必要です。参画という言葉には，計画段階から取り組みに関わるという意味があるように，生徒に取り組み計画の立案から関わらせることが参画力を向上させる近道になります。

プロジェクトスタッフはもちろん，学級全体を取り組みに参画させるためにも，行事に向けた自分たちの取り組みを自分たちで計画させ，その計画に沿って実行に移させることが効果的です。

手順と TIPS

①取り組み前のスタッフ会議で取り組み計画を立案する

TIPS 途中で修正してもよいのでできる限り具体的に立案する

②完成した計画表は，学級の全員が見えるところに掲示する

TIPS リーダー以外も取り組み計画を意識することで，参画の意識が学級全体に広がる

③実態に合わせて，随時スタッフ会議で変更し，計画を修正する

参画力を高めるアイデア

生徒たちは，行事の本番だけを頑張ればよいと考えがちですが，本番を頑張るだけでは，なかなか学級の力は高まりません。では，どこで学級の力が高まるのかといえば，やはり限られた時間に，いかに計画的に取り組みを進められるかによります。そこで，練習計画や内容について，できるだけ具体的にかつ細かく立案させます。可能であれば，毎回の練習についても，流れや内容を考えさせると，さらに取り組み時間が充実すると思います。

もちろん，中学生には授業や取り組みを計画した経験などあまりないと思いますので，上手にできないこともあると思います。しかし，状況に合わせて計画を修正することも織り込み済みでスケジュールを立てさせると，学級全体が取り組みに参画するという意識が高まります。

留意点・工夫

完成した計画表は，学級の全員が見えるところに掲示して，学級の一人ひとりが，その日の練習で何をするべきかしっかりとイメージさせることで，全員の参画意識を高めます。

大切なことは，生徒自身が，自分たちの活動や取り組みのスケジュールに参画することです。教師ばかりが頑張る練習ではなく，自分たちの活動を自分たちが計画する仕掛けを事前につくることが大切です。

3の2 魁 情熱団 合唱練習計画表

日	行事予定	全校	学年	ピアノ	視聴覚	教　室	学級合唱内容
28日（火）	取り組み開始	①	×	先会 後体	アルト	ソプラノ・男子	[illegible]
29日（水）		②	体	後 大会議	アルト	ソプラノ・男子	[illegible]
30日（木）		③	②	×			
1日（金）		×	×	先 大会議	アルト	ソプラノ・男子	[illegible]
2日（土）							
3日（日）		④	×				
4日（月）		⑤	③	先体 後会	ソプラノ・アルト	男　子	[illegible]
6日（火）		⑥	④	先 大会議	ソプラノ・アルト	男　子	[illegible]
6日（水）		⑦	⑤	後 大会議	ソプラノ・アルト	男　子	[illegible]
7日（木）	クリニック	○	⑥				
8日（金）		×	⑦	先会 後体	ソプラノ・アルト	男　子	アドバイス点修正
9日（土）							
10日（日）							
11日（月）							
12日（火）		⑧	⑧	後 大会議	ソプラノ・アルト	男　子	強弱をつける
13日（水）	センター練習	○	○				
14日（木）	文協テスト	×	×	先 大会議	ソプラノ・アルト	男　子	[illegible]
15日（金）		⑨	⑨	先体 後会	ソプラノ・アルト	男　子	[illegible]
16日（土）	フレンドリータイム	⑩	⑩	先 大会議	ソプラノ・アルト	男　子	本番のつもりで

■振り返りラベル
●プロジェクトグループワーク

006 相互理解と俯瞰する力が育つ「学級の足跡」

POINT

「学級の足跡」で生徒一人ひとりの参画力を高める

個人の振り返りを促す「振り返りシート」を縦の糸とすると，個人の想いを学級全体に広げ想いを交流させる横糸の役割を担うのが，「学級の足跡」の取り組みです。「学級の足跡」とは，一人ひとりが振り返りシートに記入した意見の中から，プロジェクトスタッフが選んだものを模造紙に貼ってつくられます。行事の取り組みは，２～３週間ほどの期間がありますので，取り組みや練習を行った日数分のタイトルが模造紙の上にまさに軌跡として残されることになります。

手順と TIPS

1. プロジェクトスタッフ全員でその日の全てのラベルをしっかりと読む
2. その日の取り組みの様子を象徴するラベルを２～４枚選ぶ
3. 模造紙にラベルを貼りタイトルをつける

TIPS

タイトルはラベルのアイデアを抽出したものか，特徴的な１枚の内容をそのまま活用してもよい

4. 前日のタイトルとの関係線を結ぶ

参画力を高めるアイデア

①「学級の足跡」見取りのアイデア［序盤］

プロジェクトスタッフたちは，学級全員が記入した「振り返りシート」を用いて，「学級の足跡」をつくります。もちろん，中学１年生が友達の振り返りから，書き手の想いの全てを読み取ったり，行間を読んだりすることは難しいと思います。最初は，「この振り返りには，こんなメッセージが込められているんじゃないかな？」というように，教師が振り返りラベルやシートに込められた想いの読み取り方を伝えるとよいでしょう。

学級が参画段階に到達するまでには，いくつかのステップを踏む必要があることを忘れてはなりません。特に参与段階の学級では，プロジェクトスタッフの多くが，学級の皆が自分たちについてきてくれるか不安を感じるものです。「学級の足跡」づくりの活動では，一人ひとりが書いた「振り返りシート」を読むことになりますので，その中で自分たちと同じ考えの仲間がいたり，自分たちの頑張りに気づいたりしてくれている友達の存在から勇気をもらうことが少なくありません。全員分の振り返りシートを読むという活動は，学級全体を俯瞰する力を高めることにつながります。

②「学級の足跡」見取りのアイデア［中盤］

プロジェクトスタッフが練習を仕切るという流れができれば，活動自体はスムーズに進んでいくものですが，やはり練習が進んでいくと取り組みに飽き，集中力に欠ける場面が増えてきます。するとプロジェクトスタッフの中に，「今の練習の雰囲気や状況に改善が必要なのではないか？」という葛藤が生じるようになってきます。学級の力が高まっていない場合には，あからさまに学級集団や一部の生徒の取り組み姿勢に対して不満を示す生徒が出てきさえします。

一見すると学級の団結が乱れたり，取り組みが滞ったりしているようにも見えますが，同時に，プロジェクトスタッフ以外にも，取り組みや学級の状況を改善したいという生徒たちも出てくるのがこの時期です。

リーダー集団ではないけれど，頑張りたいという想いを持つ生徒や，一見すると不満を漏らしているように見える生徒たちの本当は頑張りたいという想いを代弁してくれる「振り返り」を「学級の足跡」として活用することで，一人ひとりが学級に参画する意識を高めることにつながります。

私の経験からの考えとしては，プロジェクトスタッフが献身的に学級の取り組みに参画していればいるほど，リーダー集団の参画レベルは高くなっていきます。そんなリーダー集団の頑張りを無駄にしないためにも，彼らの頑張りを必ず学級全体に知らせて，学級全体の参画レベルを向上させます。

また，「学級の足跡」にプロジェクトスタッフはもちろん，意欲的に取り組んでいる生徒の頑張りに光があたるようなラベルが残ると，取り組みを振り返った時にマイルストーンの役割を果たすと思います。

③「学級の足跡」見取りのアイデア［終盤］

生徒主導で取り組みが進み，プロジェクトスタッフ以外にも，取り組みに参画し始める参与段階に到達していれば，自然とより良い取り組みにしたいという想いが学級の大半を占めるようになります。そして，このような想いを上手に活用すると生徒たちの参画力を高める絶好の機会になります。

中間地点を過ぎた頃，プロジェクトスタッフのミーティングで，前半の成果と課題を総括するとともに，最初に立てた取り組みの目的を達成するために，後半で何をすべきかについて考えさせるようにします。リーダー集団とはいえ中学生ですので，取り組みが始まってしまうと，ついつい優勝したいなどの目標に目がいくことがありますが，後半に差しかかった時期に，学級の参画力を高めるためには，どのような課題が残っているのか，リーダーとして何ができるのかを伝え考えさせます。多くの場合，プロジェクトスタッフが取り組みの成果と課題をつかみ始めている段階に到達していると思いますので，メンバーの参画意識が一気に高まります。

また，その学級の日常的な課題と練習中の課題との関係性を示すと，行事の取り組みが日常生活と関わっていることに気づかせることができます。例えば，日常的に時間のけじめがついていない学級は，行事の集合に時間がかかりますし，日常的に辛辣な発言が飛び交うクラスは，誰かの失敗をからかう傾向があるようです。行事と日常生活は表裏一体ですので，行事の取り組みを改善することが，学級の状況を改善することにつながりますし，学級の課題が改善されると，自然と取り組み中の課題が改善されるものです。取り組みが終盤に差しかかっても，学級の参画力の高まりを感じられない場合には，日常生活の様子を確認してみるとよいでしょう。

④「学級の足跡」見取りのアイデア［本番直前］

取り組みがよいものになればなるほど，本番での成否にプレッシャーが高まります。すると生徒たちの中に，当日失敗したり優勝できなかったりすると，それまでの取り組みが全て水の泡になってしまうのではないかという不安が渦巻くということはよくあります。

そこで，私は，取り組みの総括だけは本番の前日に行ってしまいます。前日に行えば，それまでのリーダーの活躍や取り組みの成果を学級全体がスッと受け入れることができます。その際「学級の足跡」を活用し，一人ひとりがどんなことを感じながら取り組んできたのかを紹介しながら語り，今日までの取り組みの中で，いかに自分たちが成長したかを生徒に気づかせます。すると，多くの場合生徒たちはプレッシャーから解き放たれ，自然と「明日は思い切り楽しもう！」という気持ちになるようです。もちろん，プロジェクトスタッフの達成感はひとしおで，まだ本番を迎えていないにもかかわらず，やりきったという実感を得て涙することも少なくありません。

中学校の行事ですから，練習の成果が当日発揮されるか否かは，それまでの取り組みよりも，当日いかにリラックスして臨めるかにかかっているように思います。もちろん生徒たちは緊張しますが，よい取り組みができたと生徒たち自身が実感できると，自然とそれまでの努力の成果を発揮することができます。そして，「きっとこの学級の仲間はやってくれる！」「生徒たちはやってくれる！」と生徒同士も教師も信じあえる取り組みになれば，万が一目標にしていた結果と異なったとしても，取り組み全てを否定したり，仲間の頑張りを否定したりすることにはならないものです。当日は，教師自身も「プロジェクトスタッフを中心に頑張ってきた生徒たちは，きっとやりきってくれる」と信じてリラックスして臨むことが大切だと思います。

⑤「学級の足跡」見取りのアイデア［本番当日］

行事本番の結果は，必ずしも描いていた目標通りにいかないこともあります。しかし，前日までに取り組みの総括を終えていれば，自分たちの取り組みから達成感を得ることができていますので，結果に一喜一憂する必要がなくなります。もちろん，目標が達成できれば喜びも大きなものになりますので，「プロジェクトスタッフを中心に努力してきた成果が，結果に結びついた」と，プロジェクトスタッフの頑張りを褒める機会になりますし，もし目標が達成できなかったとしても「皆が夢見た結果を得ることはできなかったかもしれないが，前日に成果を確認したとおり，夢に向かって皆で力を合わせたという取り組みの成果が見えた」と，やはり頑張った過程を褒めてあげるとよいと思います。特に夢が叶わなかった時には，生徒自身が取り組みの過程にこそ価値があることに気づけないことが多いように思いますので，教師が結果ではなく過程に価値を示し，参画的に取り組めたことを評価すべきです。

留意点・工夫

「学級の足跡」用にプロジェクトスタッフが，全てのラベルの中から１，２枚を選び，タイトルをつけるのには，いくつか意味があります。１つには，様々な意見や反省の中から，プロジェクトスタッフが選ぶということは，彼らの意見や想いに近いラベルが選ばれる可能性が高いわけです。したがって，彼らが意識しているかどうかは別にしても，プロジェクトスタッフの考えが，学級全体に示されることになります。もちろん，プロジェクトスタッフで話しあったとはいえ，もともとは個人の意見ですから，教師やリーダー集団の押しつけの意見ではなく，学級の仲間から寄せられたものであることには変わりありません。すると，取り組みについてリーダー任せにする感覚が減り，学級全員の参画力が高まることにつながります。

2つ目は，「取り組みシート」に記された個人の意見は，「学級の足跡」に選ばれた時点で，個人の反省から学級全体の反省や意見というように，高まることにつながりますので，選ばれなかった生徒たちにとっても刺激になります。つまり，自分と同じような考えを持っている仲間がいるだとか，自分には気づかない視点を持った意見を聞き，自分の意見に自信を持ったり，個人ラベルの内容を高める必要性を感じたりするわけです。こういった生徒同士のギャップを上手に活用することで，個人の力が高まり，自然とラベルの内容が深まっていきます。

振り返りシートに記された一人ひとりの想いを，「学級の足跡」として刻むことで，生徒の行事と学級への参画力が一気に向上します。

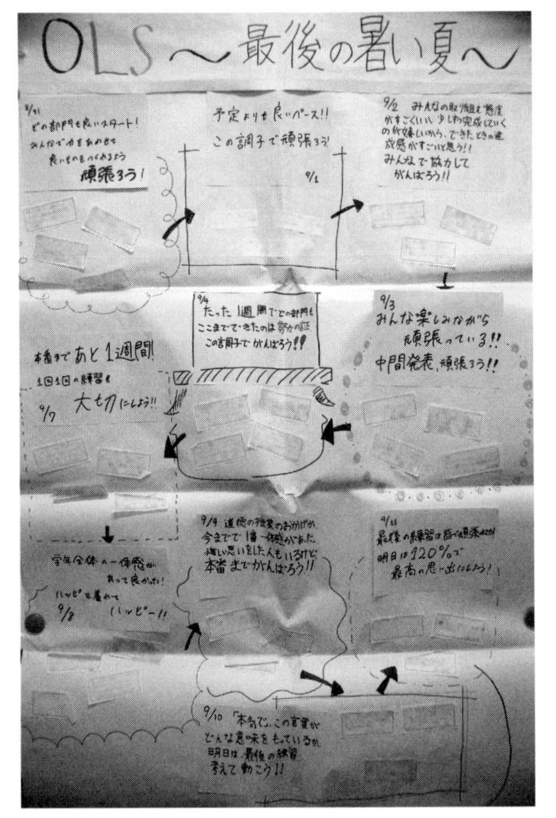

▲参画意識

007 誰でもできる体育祭・合唱祭指導のコツ

POINT
体育祭や合唱祭の指導で，生徒からの信頼を得る

学級づくりという観点で考えると，体育祭で行われることの多い「長縄」や「30人31脚」，学校祭などで行われる「合唱」や「ダンスなどの表現活動」は練習すればするほど上手になりますので，目に見える形で，学級づくりが進んでいる実感を得られます。もちろん，ここまで繰り返し述べたように，体育祭や合唱祭で勝つことにあまりこだわりすぎるのは，どうかと思いますが，担任をすれば自分が運動も合唱も全く指導できなくても，生徒からはアドバイスを求められるものです。その時に，上手に指導することができると，学級づくりの指導が入りやすくなりますので，運動の指導も合唱の指導も軽視できません。そこで，誰でも使える「体育祭種目指導」と「合唱指導」のコツを紹介します。

体育祭種目指導のコツ

最初に断っておきますが，私は陸上競技の専門家ではありませんので，ここでは，体育祭にありがちな「長縄（大縄）」について指導のコツを紹介します。体育祭の練習が学級づくりにつながるということからもわかるように，体育祭のどの種目でも，「気持ちを揃える」ことと「得意と不得意を補いあう」ことが大切になり，長縄以外の種目にも基本的には当てはまります。

①練習前半は，跳んで体力をつける

長縄でたくさんの回数を跳ぶには，ある程度の体力が必要です。特に縄の回し手は，体全身を使って大きく回す必要がありますので，非常に体力が求められます。取り組み前半はとにかくたくさん跳んで，体力を向上させます。生徒たちが，誰が引っかかったかを気にしたり，ダラダラとしたりする時間をつくらず，ドンドン跳ぶと練習のメリハリもつき，よいでしょう。連続して跳んだ回数を記録しておくと，成果が目に見えるのでおすすめです。

②全員の気持ちを揃える工夫をする

長縄で気持ちを揃えるポイントは２つです。まずは，最初の掛け声。長縄の失敗の大半は，１，２回目が跳べないことにあります。最初の掛け声をしっかりと揃えて，跳び始めるとよいでしょう。

次に，跳ぶ選手も声を合わせることです。全員で必ず掛け声をかけ，気持ちを揃えます。声が揃うと自然と動きが揃いますので，全員で気持ちを揃えて跳ぶことにつながります。

③得意と不得意を補いあって，助けあうこと

学級の人数が多くなると，どんなに上手な回し手でも縄が弛んだり，弾んだりしてしまいます。すると跳ぶ選手の中心部分の縄が弛んでテンポがずれたり，端で跳ぶ選手の縄が高くなったりします。縄をしっかりと見て跳ぶことはもちろん，高く跳ぶ必要のある選手や縄が見える選手の配置で，生徒たちが助けあえるようにします。タイミングをとることが苦手な選手の前後に，得意な選手を配置して，声をかけてあげることも有効です。

合唱指導のコツ

①自分と仲間を信じられるように音とりをする

合唱時には，指揮者以外は隣の友達がどの程度必死で歌っているかわからないので，自信が揺らぐことがあります。まずは，一人ひとりが自信を持って，学級の仲間を信じて歌えるようにしてくことが大切です。

具体的には，音とりをしっかりと行います。特に練習開始初期は，歌が入っている音源を大きめの音量で繰り返し流して歌う練習をします。楽譜が読めない生徒でも，繰り返し合わせて歌っているうちに，どのような音程で歌えばよいかわかって自信を持って歌えるようになります。また，教師が一生懸命歌う姿勢を見せることで，生徒も自信を持ちますので，少しぐらい音が外れても気にせず，大きな声で一緒に歌うことは非常におすすめです。

②合唱が揃って聞こえるためのこだわりポイント

一口に音を揃えるといっても，「音程」「タイミングやテンポ」「強弱」の３つのポイントがあると考えています。特に，タイミングやテンポがあうと学級全体の一体感を感じられるので，最初の音が揃うような息の吸い方や，音をどこまで伸ばすのかを指揮者と一緒に練習するとよいでしょう。

音程	・各パートで音程をとる練習を繰り返す ・自信が揺らいだら，パート練習に戻って再確認する
タイミング テンポ	・指揮に合わせて，入りと終わりを合わせる ・ブレスのタイミングや息の吸い方も合わせる
強弱	・強く歌う箇所と弱く歌う箇所を全員で共通認識する ・クレッシェンドやデクレッシェンドの確認をする

練習の時には，プロジェクトスタッフのメンバーはもちろん，指揮者や伴奏者などが，全体に指示するような場面を設定すると，生徒たち自身の手で，合唱をつくりあげている実感を持たせることができます。

③「歌う」は「訴える」

合唱は，審査員などに評価してもらうものですから，審査員の先生や聞いている人に歌が届かないと始まりません。生徒には「歌うことで，聴衆の心に訴える」ことが大切だと説き，聴き手に聞こえる声量，はっきりとした滑舌の重要性を伝えて指導します。しかしながら，声量は，生徒の心の開放度合いや自信の有無と密接に関わりますので，教師が怒鳴ったり，口の開いていない生徒を吊し上げたりするのは全くの逆効果です。

コツとしては，歌詞をはっきりと読む練習することです。日本語の特性上，子音が聞こえづらいことがありますので，特に子音に意識させながら，大袈裟にはっきりと読む練習をするとよいでしょう。

自信を持って歌うための応用練習としては，ピアノの音と自分の声がモニターができない屋外でのアカペラ練習や，他学年との合唱交流を行うこともあります。しかしながら，どちらも少し難しい練習で，自信を高めるどころか自信を失うこともあるので，状況に合わせて注意して行ってください。

④自分たちの想いを込める

歌詞に想いを込めて歌えるようにするために，学級で歌詞の解釈をすると，全員が共通のイメージを持って歌うことができます。時間に余裕がある時には，生徒一人ひとりが持つ曲想を全体で交流したり，どんな想いを込めて歌うかのアンケートをとったりすると，合唱曲に自分たちの想いが込められます。合唱曲を歌わされるのではなく，合唱曲で自分たちの想いを表現できるようになると，自分のパートを歌っていない時や，輪唱の部分でも，学級全体で共有したイメージを込めることができます。さらに，自分たちが歌う合唱曲と自分たちの生活や想いがシンクロするようになると，聞き手にもより強い想いが届きます。

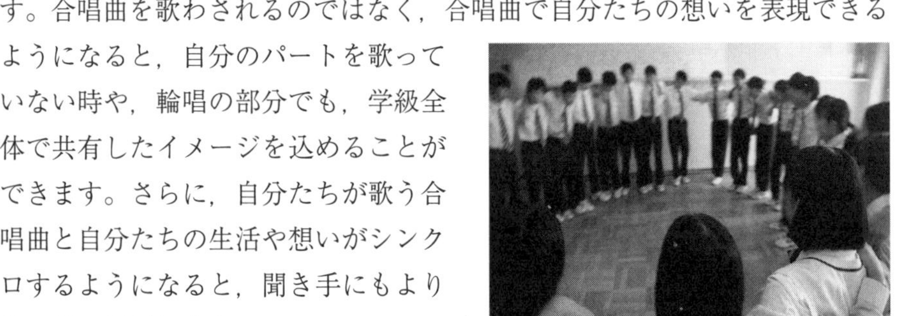

Column

生徒の参画でつくる劇的な行事の取り組み

❶合唱祭の取り組みで，生徒同士がお互いを信頼できる学級に

その学級は，外国籍の生徒や学校に足が向かない生徒が在籍し，３年生の最後の行事である合唱祭直前になっても，お世辞にも人間関係が良好であるとは言えない状況で合唱祭の取り組みを開始しました。いくつかの理由が入り混じっていたとは思いますが，小学校高学年から中学校１年生の時期に，学級が非常に落ち着かない状況になり，生徒同士がお互いを信頼できないという状況に陥ったことが大きいように思います。

学級合唱のピアノ伴奏者は，スポーツもできるちょっと気が強い女子生徒がすることになりプロジェクトスタッフ（p.82）に入ることになりました。合唱の取り組みを通して，いくつかの波を乗り越えたこともあり，学級の参画レベルは少しずつ高くなってきており，生徒たちも自分たちで自分たちの取り組みの成果を実感できるようになっていたと思います。

❷生徒同士の本気の想いがドラマを巻き起こす

事件は合唱祭前日に起きました。当日に向けた最終練習。体育館で最後の練習をした時に，伴奏が少しだけ走りました。この段階になると，プロジェクトスタッフが練習を自分たちで進行しています（p.88）ので，担任ができることはほとんどありません。その日も，練習の後にリーダー集団の一人が伴奏者に「少しだけ伴奏が速くなるから，本番気をつけよう」と声をかけました。もちろん，伴奏者の頑張りも十分理解できているリーダーたちですから，非難的な声かけではなく，上手に伝えたなと私も思いました。しかし，その一言が，本番に向けてプレッシャーで一杯いっぱいになっていた伴奏者

の気持ちを決壊させました。彼女は嗚咽するように泣き崩れ，帰りの学活にも出ずに別室で泣き続けました。当然ながら，声をかけたプロジェクトスタッフの生徒も，責任を感じて落ち込んでいました。私は，伴奏者をこのまま帰宅させて本番を迎えるより，少々荒治療でもプロジェクトスタッフの前で話をさせようと考え，伴奏者へ話をするように促しました。すると伴奏者は「自分は小学校の頃からずっと合唱の伴奏をしてきたが，この学年はたいして歌を歌わないくせに，文句ばかり言われてきた。しかし，今年は毎日の練習が本当に楽しく，今回ほど楽しく伴奏できて，一生懸命練習したことはなかった……」と語り始めました。彼女曰く「学級の雰囲気が高まっているのを感じれば感じるほど，失敗できないというプレッシャーに襲われ，どうしてよいかわからない」とポツポツと話します。それを聞いたプロジェクトスタッフも彼女の想いに共感し，一緒になって泣いています。担任の私も涙をこらえるので必死でした。

プロジェクトスタッフたちの前で自分の気持ちを言えて落ち着いた伴奏者は，ピアノの練習があるからと，一足先に帰りました。残されたプロジェクトスタッフは，先に帰る伴奏者を見送った後，「あいつ，きっと帰ってから，一生懸命伴奏の練習するんだろうな」「一人で伴奏するのは本当に辛かったんだろうな」「あいつのことを支えてやろう」と口々に話す姿がありました。私は，お互いの頑張りを認めあい，信頼しあうことができる集団に成長した生徒たちの素晴らしさに，感激することしかできませんでした。

その日の「学級の足跡」（p.90）には，「今日はすごく good」というタイトルなのに，なぜか「なんかできないから，とにかくれんしゅうします。すいません」という伴奏者のラベルが選ばれていました。

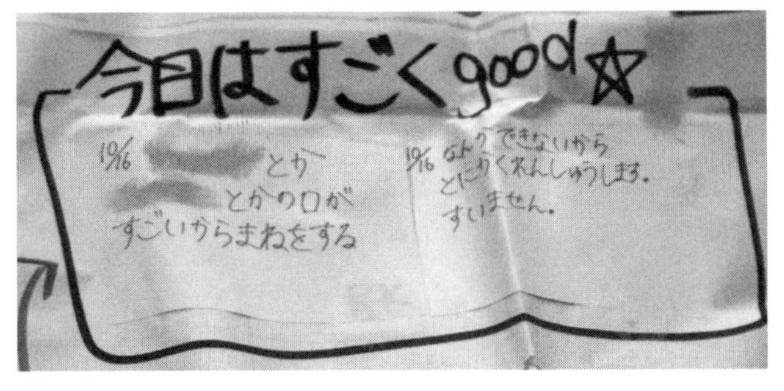

❸ドラマ以上のドラマをつくり出す参画ツールの有効活用

正直，少しできすぎとも言えるドラマのような出来事でしたが，伴奏者の生徒は，自分に厳しいところもある性格で，なかなか自分の弱さを出すことができない一面もありました。しかし学級の仲間が頑張る姿に刺激され，自分も一生懸命伴奏練習に取り組んだことで，仲間を信頼し仲間に自分の辛い気持ちを伝えられたということが，学級への参画力の表れだと思います。何より，参画ツールの有効活用により，お互いのことを信頼できない状態であった生徒一人ひとりが，学校生活でも学級のために頑張れるようになり，その仲間の頑張りを信頼して，応援しようと語りあう生徒たちの成長こそが，取り組みの成果であると実感することができました。

❹不登校生徒も巻き込んだ学級づくり

迎えた当日，さらにびっくりした事件が起きます。不登校で引きこもり状態だった生徒が，当日合唱祭が行われる文化センターに来られたのです。実は，取り組み期間中，私は学級づくりや合唱練習をほとんどプロジェクトスタッフに任せて，引きこもり状態であった生徒の家へ家庭訪問を繰り返していました。家庭訪問では，閉ざされた部屋のドアの前で，学級の合唱祭への取り組みの様子を日々伝えてきました。今考えると，もし学級が落ち着かない状況だったとしたら，担任としても継続的に家庭訪問をすることは難しかったと思いますし，不登校状態だった彼が，合唱祭を見てみようという気持ちになるのは少し難しかったと思います。

❺そしてPricelessな取り組みに

前日に大きなドラマを乗り越えた学級が，当日失敗するはずもなく，本番は見事に歌いきりました。伴奏者の彼女もしっかりとやりきり，ステージを降りてきた時には，とてもいい顔をしていました。

びっくりしたのは，プロジェクトスタッフの男子生徒二人が，合唱を終えてステージを降りたとたんに感動で泣き崩れ，動けなくなったことです。合唱を終えた時点で，取り組み前に改善したいと思っていたことが，ほとんど全て解決し，担任としても達成感でいっぱいでしたので，正直賞については，どうでもよいほどでしたが，きっちり金賞を頂き生徒たちの頑張りを評価していただけたことがとても幸いでした。

合唱祭が終わった後，プロジェクトスタッフのメンバーが「学級の足跡」につけたタイトルは，「合唱祭の取り組み＝Priceless」でした。プロジェクトスタッフのメンバーはもちろん，生徒一人ひとりが自分たちの合唱と学級に参画した取り組みをつくりあげたという実感が込められたタイトルだと思います。私自身も，参画のツールを用いて取り組めば，こんなにも生徒たちの参画力が高まり，学級の課題を解決できるようになるんだと実感するきっかけになりました。

合唱の取り組みは，たくさんの問題が起きることが多く，学級を担任する教師にとっても，プレッシャーが非常に大きいものです。しかし，だからといって，生徒の実態に合わない取り組みを行うと，生徒に迎合するどころか，大きな反発をくらうことになります。生徒を信じ，生徒の参画力を高めることこそ，取り組みを成功させるばかりか，取り組みを通して多くの成果を得ることにつながると思うのです。

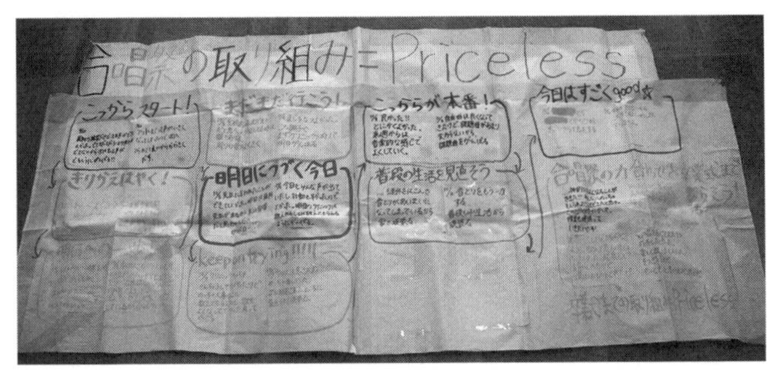

第5章

意欲的に学びあう集団をつくる参画ツール

●プロジェクトグループワーク　■コメントラベル
▲参画意識

001 グループ学習を中心にした総合的な学習の時間

POINT
総合的な学習の時間を通し学級・学年全体の参画力を向上させる

中学校における「総合的な学習の時間」のねらいは，各教科や特別の教科道徳で学んだ知識を活用し，学校外である社会のことについて，友達や他学年の仲間と協働的に学習を進めることが挙げられます。自分たちの興味のあることについて，生徒同士で協働的に深く学ぶということは，まさしく「主体的・対話的で深い学び」につながる考え方であるとともに，参画エンジンを上手に活用できる場面になります。

具体的には，学年全体で行う宿泊研修や修学旅行などのいわゆる旅行的行事や，職場体験や高校調べなどの進路に関わる内容を通して，調査したことや体験したことを，まとめて発表するというイメージです。

手順と TIPS

1. 学年を，テーマや行き先ごとに分け，４～６人の班をつくる
2. 各班の班長を中心に，計画立案や調査・表現活動や練習を行う
3. 全体リーダーを中心に，リハーサルや発表の機会を設定・運営する

TIPS ゴールとして発表会を設定することで目標が明確になる

参画力を高めるアイデア

総合的な学習の時間を，生徒たちが自ら学んでいく機会にするためには，参画力を向上させるエンジンの活用が効果的です。具体的には，組織力を向上させるグループワーク，自分たちの学びの場づくりに関わらせる現場力，そして，ラベルとラベルワークを活用する情報力の３つを効果的に組み合わせます。そして，これらのエンジンを意識した活動をつくり出すことで，グループで学習や調査を進める型を身につけるとよいでしょう。

学習形態	・各グループ４～６人程度で，協働的に学びを深める ・共通のテーマに向かって，グループで活動を行う
調査方法	・調査活動について提示し，自分たちで計画的に取り組む ・体験活動やインタビュー，インターネットの活用をする
作品 表現方法	・中間発表やリハーサルの後，相手意識をもって発表する ・学んだことを資料やポスターにまとめ，発表・表現する

❶学年の参画力を向上させる総合的な学習の時間の流れ：序盤

部門やグループが分けられたら，まずは自己紹介をして班長を決めます。練習や活動に入る前には，取り組みシートを配付し，活動における自分の目標を決めさせるとよいでしょう。目標を記入させる前に，教師がしっかりと気持ちづくりにつながる話をすることで，総合的な学習の時間の学習内容だけでなく，学習過程や学習姿勢についてまで意識させます。

生徒たちは調査活動のイメージを漠然としか持っていませんので，体験活動や制作活動の段取りや計画等を，生徒自身で具体的に決めさせることが大切です。また，効果的にラベルワークやグループワークを行えるように，各グループのリーダーへもきめ細やかな指導をします。可能であれば，取り組み開始前に班長を集めて，班活動の進め方（p.86）や，計画の立て方（p.88）をアドバイスしたりすると，スムーズに活動が始められます。

❷学年の参画力を向上させる総合的な学習の時間の流れ：中盤

集団がまとまり，参画的に高まるまでには，一人ひとりのやる気が頼りの「個」の段階，仲間と協力したり，高めあったりする「グループ」の段階，そして，自分たちのグループだけではなく，集団「全体」へ意識が高まる段階があります。しかしながら，班や部門ごとに取り組みを行う場合，発表の形が見えるまでは，小集団ごとの取り組みが中心になります。そこで，中間発表のように，各グループの進捗状況を全体に交流する機会を設け，全体の一体感やまとまりを高めていくことが大切です。

前半終了の時期には，他の部門との交流を行うことで，頑張っているのは自分だけではないことに気づかせることや，頑張っている仲間の姿を認めることが，次のステップに進む原動力になります。中間発表後には，コメントラベル（p.19）で自分たちの班以外へアドバイスを行ったり，もっと知りたいことを質問したりすると，それぞれの班が相互に影響しあい，内容的にも発表的にも高まる効果があります。

❸学年の参画力を向上させる総合的な学習の時間の流れ：終盤

リーダーが，自分たちの発表に参画することが，取り組みの成功には大切です。力が高まってきているリーダーや生徒たちの参画力というのは，それだけで全体に莫大な達成感を与えるものですから，発表練習が始まる段階にきたら，リーダーの活躍を信じて活躍する場面を増やすことが大切です。

また，本番直前に学年全体の参画意識を高めるために，お互いの健闘を称えあう機会や学年集会を設定することで，生徒たちの気持ちを高めることができます。その際，生徒一人ひとりの想いをラベルに記入させたものをコメントラベルとして活用して，お互いの頑張りやアドバイスやコメントなどを交流する機会をつくると，学年全体の一体感や参画意識を高めることにつながります。

学年掲示板を活用した大きな交流場をつくれば，ラベルを通して，それぞれの想いを交流することで，本番に向けた起爆剤にすることも可能です。

留意点・工夫

学年	総合的な学習の時間の内容	表現・発表活動
1学年	校区周辺の職場体験学習 自然体験学習や遠足など	・報告新聞づくり ・ポスターセッション ・ブース発表 ・総合的な学習の時間発表会 ・他学年・保護者への報告会 ・表現発表会
2学年	宿泊研修先の調査や体験活動 上級学校訪問や調査など	
3学年	修学旅行先の調査活動 総合的な学習の時間のまとめ 表現活動	

残念なことに，感染症の拡大防止などの観点から，総合的な学習の時間の発表会を行わなかったり，公開しなかったりするなどの状況に陥ることもあります。しかし，生徒自身が自分の興味のあることについて，自分たちで調査をして，それを誰かに伝えるという活動は，生徒に大きな効果があります。これらの活動を通してしか身につかない力があることを，我々教師がしっかりと理解して，実施できる可能性を探ってみることが大切だと思います。

002 グループ学習の基礎を築くポスターセッション

POINT
ポスターセッションを通し学年全体にグループ学習の基礎を築く

ポスターセッションは，自分たちが何を調べたいかを基本に，学級や学年でグループをつくって調査活動を行い，最終的には調べたことをポスターにまとめるという取り組みです。活動グループは，仲のよい友達同士や学級の生活班で分かれるのではなく，共通のテーマへ興味があるメンバーで活動を行うことがよいと思います。そうすることで，自らが知りたいことや調べたいことに沿って取り組むことができます。また，最初はグループ活動に参集や参与段階の生徒たちが，自分たちのグループワークに参画することで，調査や発表するという流れを理解することにつながります。

手順と TIPS

1. 学級・学年をテーマごとに各班４～６人ずつのグループに分ける
2. 班長を決め，計画的に調査し，ポスターなどの資料を作成する

TIPS
グループワークを行う時には，参画の発想を活用すると，自分たちの活動を自分たちで取り組むことができる

3. ポスターにまとめたものを，掲示したり発表・交流したりする

参画力を高めるアイデア

ポスターセッションでは，発表に向けて調査を行うとともに，調べた内容を発表するポスターづくりに取り組むことになります。しかし，調べたことを，１枚の模造紙にまとめようとすると，全員が一度に模造紙に記入することができないので，字が上手な一人の生徒が，全員分の調査内容を書くことになりがちです。そこで，模造紙を台紙として，新聞記事のようにそれぞれが担当する箇所をそれぞれの紙に記入し，最終的に模造紙に貼り付けるようにすれば，班員が一度に作業を行うことができます。もちろん，最終的には模造紙の上にそれぞれが担当したものを並べてみて，全体を捉えることが必要です。

留意点・工夫

ポスターセッションには，大きく２つのねらいがあります。１つは，発表活動をゴールに設定することで，調査やまとめの内容を自己中心的なものにするのではなく，聞き手を意識した取り組みに変えることです。相手意識を持つということは，発表内容はもちろん，ポスター制作時の工夫や，話し方などの伝え方の質を向上させることにつながります。

２つ目は，職場体験学習や修学旅行の報告会，さらには高校調べや進路についてなど，それぞれが異なった内容について発表するということです。全員が一堂に会して発表を行うことによって，全体としてより多くの情報を得ることができるようになります。当然ながら，それぞれのグループの発表について相互に評価する機会等を設けると，自分たちだけの活動から，学年全体の活動に生徒の参画意識を高めることができます。

●プロジェクトグループワーク　■振り返りラベル
▲参画意識

003

学校全体の参画力を高める縦割り班活動

POINT

縦割り班活動を活用して学校全体の参画力を高める

近年は少子化の影響もあり，１学年に１クラスや２クラスしかないという学校も増えてきています。体育祭などいわゆる対抗戦形式の行事の際には，どのような単位集団で取り組みをつくるかについて苦慮されている学校も多いようです。私自身も１～３年生の各学級を２つに分ける，いわゆる縦割り型の取り組みであったり，全ての種目を，学年ごとに競いあい１～３年の各学年に優勝から３位までが決まるという学年ごとの取り組みであったり，時には縦割り型と学年ごとの折衷型など様々な形を経験しました。

縦割り活動では，上級生の行動を，お手本にすることで，参画的な集団づくりの手法を全校単位で示すことが可能になります。縦割り班活動で，参画の手法をどのように取り入れるかについて紹介します。

手順と TIPS

① ３学年の学級数に合わせて１年生から３年生を縦割り班に分ける

TIPS
３学年が３学級，２年生が２学級しかない場合は，２年生の学級を３つのグループに分けて縦割り班をつくる

② 縦割りグループで，参画ツールを活用した活動をつくる

③ プロジェクトグループワークでは上級生がイニシアチブをとるとよい

参画力を高めるアイデア

❶ラベルの活用とブロック全体の参画意識の向上

縦割り班単位であっても，取り組み前に目的と目標を明確に決めることは重要です。もちろん，縦割りにするとブロックの人数が多くなりますので，全員からアイデアラベルを集めることは大変かもしれませんが，大切なことは各学級のアイデアや，目標への想いを集めて，それをまとめてスローガンに反映するという取り組みを行うことにあると思います。つまり，３年生の学級で決めた目的と目標を，いきなり１・２年生に下ろすのではなく，１・２年生の学級単位でもしっかりと目的と目標意識を持たせる時間を確保し，そこでの話しあいに出てきたアイデアも大事にしながら，ブロック全体の目標やスローガンをつくっていきます。

当然ながら３年生の学級を担当する際には，学級の目標や目的に加え，ブロック全体の目標（夢）や目的を明確にしていきます。取り組みをつくることで，リーダー学年としての意識を高めるのはもちろん，ブロック全体の参画意識やまとまりにつながります。過去の私の経験では，３年生が優勝したいという想いを前面に出しすぎたあまり，１・２年生との取り組みの温度差が出てしまったり，勝負にこだわりすぎる上級生が下級生を叱責したりすることで，ブロック全体の雰囲気が悪くなることがありました。そこで，「まずは各学年の学級と，ブロック全体がまとまることが，体育祭の取り組みとして大切にすべき目的であり，３学年として学級のまとまりを示すことが，真のリーダー学年である」ということを繰り返し伝えるようにしています。

すると，自然と下級生への声かけが柔らかくなり，のびのびと取り組むことでブロック全体のまとまりが高まり，結果として成果を勝ち取る場面を何度も見てきました。集団の規模が大きくなっても，いや大きくなればなるほど取り組みに対する目標と目的を明確にし，集団への参画意識を高めることが，結果として大きな成果を生み出すと言えます。

❷プロジェクトグループワークの活用

縦割りブロックで，プロジェクトスタッフを機能させるには，学級集団より強力なリーダーシップが必要になります。３学年のプロジェクトスタッフは，学級を牽引するのと同時にブロック全体を統括するのですが，全ての指揮をリーダーが一人でとるというイメージではなく，３学年のリーダー集団を中心に，１・２年生のリーダー集団で分担，協力しながら全体をまとめるというイメージで行います。先にも述べたように，体育的行事の主たる目的は，一人の独裁者を育てるのではなく，各学級集団のプロジェクトスタッフの力を伸ばし，最終的には全ての生徒が集団に参画していく体験をさせることにあることを忘れてはいけません。

毎回の取り組みの後に行うミーティングでは，ブロック全体のプロジェクトスタッフでの反省と翌日の練習計画を確認した後で，種目ごとや各学年のリーダー集団同士でまとまって相談をする時間を設けます。部活動の先輩後輩の関係にあるリーダー同士が，集団への参画の仕方を教えたり，学級集団がなかなかうまくまとまっていかない状況に悩む後輩を慰めたりする様子は，微笑ましいものです。同時に，３学年の生徒がプロジェクトスタッフとして何をすべきかがしっかりと身につき，それを後輩に伝えようとする姿から，３学年のリーダーシップが高まっているのを実感できます。

❸振り返りラベルをラベル News へ

縦割りブロックごとに全体の足跡をつくるとなると，１学級35人程度×３学年分＝で100枚以上のラベルが集まることになります。毎回100枚以上のラベルを使ってラベルワークをすると，限られたミーティングの時間を全てラベルワークに使うことになってしまいますので，毎回の振り返りラベルは，各学級で「学級の足跡」づくりとして活用します。

しかし，全体でのラベルワークは無理でも，せっかく書いた種目ごとのラベルを使わない手はないので，種目ごとの振り返りラベルは，全体ミーティングの後に行う，種目別ミーティングで読みあい，取り組み状況を確認し交

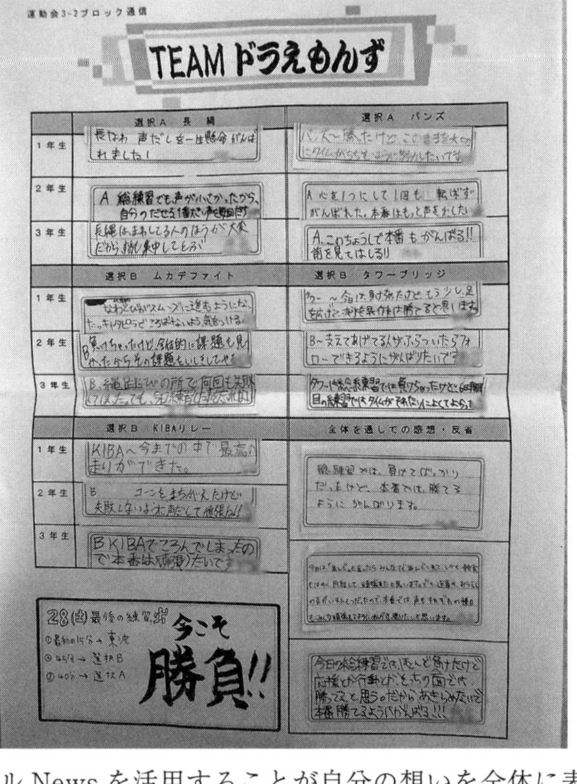
運動会3-2ブロック通信

TEAM ドラえもんず

選択A　長縄
1年生　長なわ　声だし、全一生懸命がんばれました！
2年生　A 総練習でも、声が小さかったから、
3年生　長縄はまわしてる人のほうが大変だから、熱中してとぶ

選択A　パンズ
2年生　A 心を1つにして1回も転ばずがんばれた。
3年生　A.このちょうしで本番もがんばる!! 前を見てはしる!!

選択B　ムカデファイト
選択B　タワーブリッジ
選択B　KIBAリレー
1年生　KIBAへ今までの中で最高の走りができた。
2年生　B　コーンをまちがえたけど
3年生　B KIBAでころんでしまったので

全体を通しての感想・反省
総練習では、負けてばかりだったけど、本番では、勝てるようにがんばります。

28(金)最後の練習!!
今こそ勝負!!

流するのに活用します。また，種日ごとの振り返りラベルの中から特によい意見は，その日のラベル新聞にして，翌朝ブロック全体に配付します。ラベル News を通してよい意見が全体に伝わることになり，ブロック全員のラベルの質が向上し，参画意識が高まります。中学生は，学級の中でもなかなか意見を出せないものですし，ましてや先輩と一緒の活動の中では，自分の想いを表現することが難しいですが，ラベル News を活用することが自分の想いを全体に表現する機会になり，学級はもちろん，縦割り班全体で人と人がつながっていくチャンスへと発展していきます。

留意点・工夫

縦割りブロックの運営では，異学年の学級を担任している教師が，生徒指導や学級づくりの指導を一緒に行うことができますので，参画的な学級づくりの手法を直に伝え，学びあうことにつながります。縦割りで集まった先生がたが，実際の指導を通して参画ツールの活用法や声かけの仕方を学び，日常の指導に活かすことで，学校全体の参画力が向上することになります。

●プロジェクトグループワーク
■振り返りラベル・コメントラベル　▲参画意識

004 全校の参画意識が向上する学校祭の取り組み

POINT

参画ツールで全校生徒の参画力を高める機会をつくる

中学校での文化祭や学校祭では，学級単位で合唱を歌ったり，ステージ発表として劇や出し物をしたりすることもあれば，学年ごとに学級の枠を超えた部門やグループをつくり，各グループが発表するというもの，さらには少子化の影響からか１～３年生の生徒を混ぜてグループを構成する，いわゆる縦割りで発表をすることもあるようです。どの形式で行うにしても，学校祭は，読んで字のごとく「学校」全体の「祭」であるにもかかわらず，各学級の合唱コンクールやステージ発表に集中するあまり，学年や学校全体の団結という意識があまり高まらないことは少なくありません。大人数で活動するということは，その分困難も多いですが，困難が大きいほどそれを乗り越えた時の感動もまた格別だということを示す学校祭の取り組みを紹介します。

手順と TIPS

1 全校・学年をいくつかの部門に分けて，部門リーダーを決める
2 実行委員会等の指示のもと，部門リーダーは各部門の計画・運営を行う

TIPS

取り組み途中で中間発表や交流会を行い，相互にアドバイスしあうと，全校や学年の団結力や参画力が高まる

3 部門リーダーは，取り組み期間中や取り組み後の振り返りまで行う

参画力を高めるアイデア

❶プロジェクトグループワークの活用

取り組みに関わる集団が大きくなればなるほど，各学級や各部門などの小集団同士をつなげる意識が重要になってきます。この意識が足りないと，ブロックごとに取り組みへの温度差ができてしまったり，他のブロックとの足の引っ張りあいに発展したりすることが少なくありません。そこで，学級での行事の取り組みと同様に，学年全体や学校全体でもプロジェクトスタッフを立ち上げることが重要です。まずは，各部門や学級のリーダーを選出し，そのメンバーを中心にプロジェクトスタッフを立ち上げます。

複数の学級からなる学年であれば，学年協議会や学年代表などのように，学年のリーダー集団からなる組織があるでしょうし，学校全体であれば，生徒会本部役員や執行部と呼ばれる組織を活用することができます。もちろん，学校祭に向けて学校祭実行委員会や部門リーダー会議などのように，その行事に向けて新たに組織を立ち上げることも可能です。大切なことは，それらのリーダー組織からトップダウンで一気に伝えるのではなく，各小集団のリーダーが集まって，全体の取り組みに参画する仕組みを構築することです。

❷振り返りラベルをラベル News へ

学年をいくつかの部門に分けたり，縦割り活動などでステージ発表に取り組む場合，練習時間以外は各学年，各教室で授業を受けたり，生活したりすることもあり，２～３週間ほどの取り組み期間では，なかなか小集団の参画意識の向上が期待できません。しかも，毎回の取り組み時間も当日に向けた準備や練習に充てられるので，お互いの気持ちを交流したり，それぞれの考えをじっくりと話したりする時間はなかなかとれないものです。

そこで，毎回の練習後には，教室に戻って「取り組みシート」か「ラベル」に記入し，それらの用紙を担任の先生に見てもらった後に，部門のリーダーに手渡します。リーダーたちは，部門メンバーの想いを読むことで，部門やグループの状態をつかむことになります。

また，リーダーは，自分の考えを理解し表現してくれているラベルや，特に取り上げたい意見については，「ラベル News」にして紹介することで，その想いを視覚化し，短時間で全体へ伝えることができます。

❸中間発表交流会で全校の参画意識を高める

体育祭や合唱コンクールの場合，どうしても優勝とか金賞というようなコンテストの意識がついてまわりますので，結局は他学級や他学年の誰かと競うことになりますし，いわゆる共通の敵を設定することで，学級をまとめるという状況になります。しかしながら，学校全体のまとまりを高めるという発想は，敵をつくったり競いあったりする機会を持たずに，自分たちの集団へのプライドや帰属意識を高めることができますし，敵がいないからこそ，本当の意味で自分たちの参画意識が高まることにつながると考えています。

学年・全校の参画意識をさらに高めるために，取り組み中盤に全校で何かをつくりあげる機会や，それぞれの部門や学年が交流できる中間発表などの機会を設けると，取り組みにメリハリがつきます。また，中間発表や総練習などを１つの目標に，練習に取り組んだり，制作を進めたりすることで，スモールステップで活動を組み立てることにつながります。

❹コメントラベルを活用した巨大寄せ書き

ラベル News （p.114）は，グループ内や部門内のメンバーの想いを交流するのに非常に有効ですが，学年や全校全ての生徒の想いを交流し，参画力を向上させることまではつながりません。中学生という時期的なものもあるとは思いますが，小集団で活動する時間が長くなると，ついつい内輪ひいきの考え方が生まれ，他のグループを比較したり，さらには敵視したりする考えが出てくることもあります。

このような考え方を打破して，学年や全校の想いを交流する際に用いるのが「掲示板」や「寄せ書き」の取り組みです。さすがに全校生徒がラベルを貼れるだけのサイズの模造紙を用意するのは大変かもしれませんが，100人程度のラベルであれば，模造紙２枚程度の大きさで十分収まりますので，生徒たちが目にすることのできる廊下の壁などの一角を活用すれば，お互いの想いを交流することができます。

もちろん，寄せ書きや掲示板を誰でも記入できる状況にしておくと，ごく一部の生徒の心ない落書きやメッセージへの心配が高まることもあります。しかしながら，学年全体や学校全体の参画意識を高めるという取り組みを，一部の生徒の勝手な振る舞いを抑えるためになくしてしまうのは，本末転倒という気がします。もし，そのような生徒が出てきてしまった場合は，それこそ一生懸命頑張っている生徒たちの想いを教え諭すよい機会と考えて，指導に活かすことができます。

留意点・工夫

プロジェクトスタッフが中心となって，参画的な取り組みが行われると，リーダー集団はもちろん，生徒たちも自分たちの取り組みの成果をはっきりと感じられるようになるので，当日に向けてグループや全校の一体感を感じることができるようになります。

そればかりか，様々な課題が好転し教師も生徒と一緒に楽しむ余裕すら生まれます。余裕を生み出す理由の１つとして，総練習やリハーサルまでに集団の成長や，取り組みの成果が目に見え，行事の目的を達成できているという実感を持てるということが挙げられます。そしてこれらの成果こそが，学年全体や全校の参画力の向上に他なりません。また，せっかくのこれらの成果を，当日や取り組みが終わった後も毎日の生活につなげていくことが大切です。学校祭の前日や当日には，取り組みの隠れた成果や，取り組みを成功させた要素などを生徒たちに明示することで，成果を明確にするとよいでしょう。

▲参画意識

005 「協働的な学び」を可能にする集団づくり

POINT
学級・学年の参画力を高め，協働的な学びができる集団をつくる

「協働」という言葉には，複数の主体が，目的の達成に向けて，ともに力を合わせて活動するという意味があるようです。前述したように，参画という言葉には，複数の生徒が目標に向けて友達と協力しながら活動に取り組むという意味がありますので，どちらの言葉にも相通ずる点が多いと思います。これらの言葉を耳にするようになった背景には，これからの教育では，以前の一斉授業形式だけではなく，生徒が主体的に学ぶことや，友達と協力して学ぶことを通して，生徒たちに他者と協力して問題を解決する能力を高めることが求められていることと，これらの資質・能力が学習の基盤として重要視されていることに他なりません。

手順とTIPS

1. 協働的な学びの「ねらい」や「注意点」などをしっかりと伝える
2. 目標と時間を明示して，活動に取り組ませる

TIPS
生徒一人ひとりがどの活動に取り組んでいるかわかるように，氏名マグネット（p.33）等黒板に貼り付けて視覚化する

3. 時間がきたら，ねらいや目標が達成できたか確認して評価を与える

参画力を高めるアイデア

まず我々教師が確認するべきことは，協働的な学びも生徒が参画する学習も，生徒たち自身が主体的に学びに参画することが必要であり，生徒たちがお互いに助けあえる状況が不可欠であるということです。

もちろん，多感な時期を生きる中学生は，自分のわからない箇所を友達に尋ねるという行為に劣等感を感じることが少なくありません。我々教師は，「わからなかったら友達に教えてもらいなさい」などと気やすく言いがちですが，まずは授業や学級が，お互いに教えあえる雰囲気なのかを確認するべきです。協働的な学びを効果的に展開するためには，生徒たちが安心して学びあえるという環境をつくることが，近道になります。

生徒同士が学びあう学習集団をつくるには，教える側と教わる側との両方の視点を持つ必要があります。まず，教える側ですが，友達に教えるということは，実は自分の理解を深めることにつながるのだという意識を持たせます。もう一方の教わる側にも，わからないことをわからないと言えることと，わからない部分を教えることが実は教える側の力になることを伝え，全員が理解する学級づくりをめざすことを伝えます。

留意点・工夫

シェアリング	短時間で，席が近くの友達と確認する活動
協働的な活動	数回のペアワークを通して，相互に深めあう活動
『学び合い』	10～20分で，教え合いや『学び合い』をする活動

協働的な学びを定着させるには，実際に活動をしながら，少しずつその効果を実感させることが大切だと思います。協働的な学びは，すぐに身につくわけではありませんので，１，２回挑戦してすぐに諦めるのではなく，粘り強く行うことが大切です。

006 ラベルを活用した「特別の教科　道徳」の授業

POINT
「特別の教科　道徳」でラベルを活用して，生徒の学びを深める

特別の教科　道徳では，生徒の道徳的実践力を高めることの重要性が示されています。道徳的実践力を高めるためには，道徳の授業を通して生徒たちが自分の頭で考えたうえで，自分の意見をしっかりと持ち，毎日の生活にどのように活かしていくかを考えさせる必要があります。

また，道徳の授業では，物事を多角的に捉えて，多種多様な考え方に気づくことが求められています。ラベルを活用した道徳の授業では，自分自身の考えたことや意見をラベルに書き友達と交流したり，ラベルを操作して図解をつくったりすることで，様々な考え方を交流させることができます。さらには，一見すると異なった意見のように見えるラベルも根底に共通の想いがあることに気づかせるなど，情報活用能力を向上させる効果もあります。

手順と TIPS

1. 生徒一人ひとりが，様々な意見を持つと思われる際にラベル記入させる

TIPS　賛成か反対などでラベルの色を指定し記入させてもよい

2. グループで個々の意見を交流しながらラベルワーク（p.20）を行う
3. 話しあった内容やラベルワークのタイトルを，学級全体に紹介する

参画力を高めるアイデア

言語能力には，他者とコミュニケーションをとること以外にも，自分の考えや想いを俯瞰して捉え，整理してまとめる力があります。ラベルには書くことを通じて，自分の考えや想いを明確にする効果があります。さらに，ラベルワークを通して，グループで意見を交流することで，様々なものの見方を知り，自分の考えが揺らぐ経験をすることができます。

価値観や考え方は，人それぞれの経験や感性，さらには立場や場面，状況などによって，見方や感じ方が異なることが少なくありません。道徳の時間では，様々な立場に立って考えることが大切ですし，その経験が生徒一人ひとりの道徳的実践力を高めることにつながります。

	ラベルの活用	ラベルワーク
対比	両方の立場でラベルを書く	考えを交流し，ラベルを操作する
交流	自分の意見を書き交流する	同意見で集まりラベルを操作する
帰納	例や状況を書き出し交流する	例や状況を分けて定義づけする

留意点・工夫

道徳の授業ではできるだけ自分と違う立場や考えを持つ生徒と交流する機会をつくりたいものです。意見によって書くラベルの色を分けて，自分と同じ色のラベルを持っている人と，自分と違う色のラベルを持っている人とで交流すれば，価値観の似ている友達とだけではなく，様々な考えを持つ友達と交流することができます。ラベルをどのように活用すれば，生徒の学びが深まるかを考えることで，意見を交流しながら学びが深まる道徳になります。

007 参画ツールを活用するオンライン学習

POINT
オンライン授業でも参画ツールを活用し，学習の個性化を図る

オンラインなどを活用して，個別最適な学びを行うことが求められています。端末を用いた学習と聞くと，生徒一人ひとりが，自分のペースで学習に取り組む「学習の個別化」のイメージが湧きやすいと思います。しかし，過度の学習の個別化は学習者の孤立につながります。友達と一緒に学ぶせっかくの機会を確保し，ラベルやラベルワークの発想をオンラインソフトで活用することで，生徒の参画力を高める方法を紹介します。

手順と TIPS

①生徒を，オンライン上で活動するグループやクラスに分ける

TIPS　Google Classroom や Microsoft Teams などの機能を活用するとよい

②それぞれの端末からグループやクラスにログインして活動を行う

TIPS　Google の Jamboard や Microsoft Whiteboard などの機能を活用するとよい

③それぞれのグループで学んだことを全体に交流してもよい

参画力を高めるアイデア

オンライン上でも，あたかも教室内でグループワークやラベルワークを行っているかのように，ラベルを活用できるソフトウェアがあります。そして，教師も生徒も課題に参画的に取り組む意識や，参画の発想を活用することで，オンライン授業でも参画的な授業づくりを行ったり，活動を通して学級の参画意識を高めたりすることができます。さらに，友達と面と向かって話すのが苦手な生徒にとっては，オンライン上での意見交流の方が心理的負担が少ないという場合もあるようです。

留意点・工夫

オンライン学習では，友達と意見を交流することや，グループの中で自由に相談することが難しくなります。そこで，生徒一人ひとりの学びをつなげることや，友達と意欲的に学習に取り組むという参画の発想を活用することが求められます。

もちろん，オンラインやICTにも向き，不向きがありますので，どのような場面で活用すれば，短所を長所に変えられるのかを，教師が判断して取り入れることが大切です。そして，その時に参画の考え方が大きなヒントになると考えています。

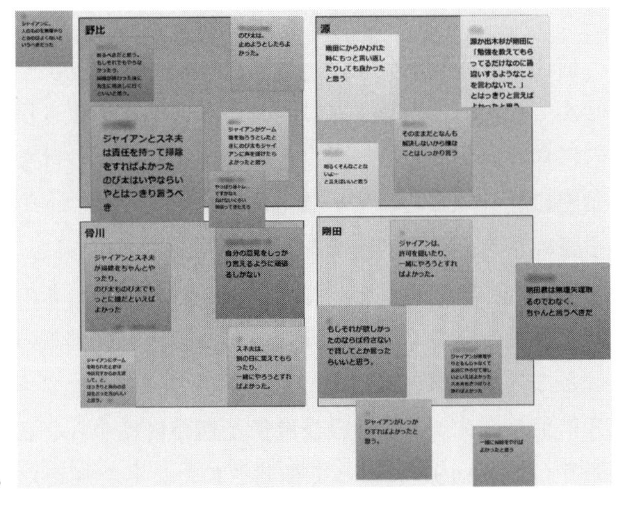

Column

3年間の集大成としての総合的な学習の時間

❶前代未聞の状況下での学校行事の取り組み

中学校の２大行事といえば，体育祭と学校祭が挙げられますが，北海道苫小牧市立緑陵中学校の学校祭は，「みどりの実収穫祭」という名のもと，総合的な学習の時間に学んだことを，学年単位で表現するという一大行事でした。しかし，2020年度は新型コロナウィルス感染症拡大防止のため，例年５月に行われていた体育祭は延期に，「みどりの実収穫祭」は事実上の中止となり，伝統の行事で自分たちの想いや学習の成果を披露するという生徒たちの夢は一度潰えました。多くの生徒が，行事がなくなってしまうのは仕方ないと頭ではわかっているものの，行き場のないモヤモヤとした苛立ちが，生徒たちの心の中に渦巻いているようでした。

❷生徒たちの手で，自分たちの想いを表現する場づくりを

前代未聞の状況の中で，行事自体に価値を見出せない教員も少なくありませんでした。しかし，私はこれからの時代を生き抜く生徒たちに，未知のものに立ち向かう力を一人ひとりの生徒に身につけなければならないという使命感に駆り立てられていました。「コロナ禍という理由で，いろいろなことを諦めさせ，我慢に我慢を重ねてきた生徒たちに，自らの力で企画し，葛藤しながらも取り組みをつくり，保護者や後輩たちの前で３年間の集大成を披露する機会をつくらせてほしい」と訴え，３学年の学年発表を，体育祭に行うところまで漕ぎ着けました。学年のプロジェクトスタッフ（p.82）には，３年生の３クラスの学級委員長と副委員長からなる学年協議会に，アンケートラベル（p.19）によって推薦された２名を加えた８名が選ばれました。プ

ロジェクトスタッフで協議した結果，学年全体を３つの部門に分け，「和太鼓」「南中ソーラン」そして「創作」に取り組むことに決定しました。

❸生徒たち自身で練習の計画を立案させる

　最初の一週間は，かなりよい取り組み状況になりました。毎日生徒たちが書く振り返りラベル（p.18）も，どんどん内容が高まってきており，帰りの会で生徒の想いを紹介することが増えてきました。

全体　活動計画表（　9月　11日）

流れ	詳細
初めのあいさつ	
今日やることの確認 「今日は〇〇をします」とその日にやることをメンバーが理解できるようにする	前回できなかった 私語なしで最後までやり通すことで，最高学年の意識で練習に取り組もう。 そして，時間がないので，はなしを聞く時は顔を上げて話している人の顔を見て 時間を作りましょう。
活動開始！ どういう順番で何をするのか事前にイメージして始まってからあわてないようにしよう	2人 入場と各部門 3人 1回目通し練習（まとまる） 4人 指示なし 発表 30分 たいこと残りの創作入場 たいこ準備
振り返り 次回やることの確認 今日の練習の進行状況を振り返り，次の日以降の課題を伝えよう	今日の反省を始めます ※の後 明日はいよいよ本番です 今まで練習してきた成果がだせる 最高の思い出を作っていきましょう！
先生から	
終わりのあいさつ	

　前日のスタッフミーティングで交流された情報をもとに，各部門内で情報交流や話しあいが行われ，生徒たちの手で取り組みが進んでいきました。リーダーに限らず，生徒一人ひとりの意識が，部門から全体へ高まっていくのが，手にとるようにわかりました。

　この頃のスタッフミーティングでは，当日の発表のグランドフィナーレをどのようなものにするかの議論と，それに向けた全体練習の取り組み計画の立案に時間を費やしました。いくら力のあるスタッフメンバーたちが，強い想いを持って臨んだとしても，中学生に150分の練習時間を全て託すということは，相当難しいと思います。しかし，生徒自身が準備や計画に参画することこそが，本当の意味で生徒の力で行事を行うことであり，行事に参画するということなのだと思います。スタッフメンバーの生徒たちは，総括を担った生徒を中心に，計画表をつくっては練り直すという作業を，何度も繰り返して全体練習に臨みました。

❹リーダー集団の想いを全体へ拡げる

全体練習初日。残念ながらお世辞にもよい練習を行えたとは言えませんでした。リーダー集団は放課後のスタッフ会議でも一様に落ち込んで，非常に重たい雰囲気の中反省が行われました。「じゃあ，最後に先生からお願いします」と言った司会の生徒の表情からは，また叱られるという想いが滲み出ていました。他のメンバーも体を固くして私が話すのを待っています。

私は，それに気づかないふりをして，スタッフメンバー以外の振り返りシート（p.78）を読み始めました。

・本番まであと２日やれることはやり切って本番に臨みたい。でも，今日の練習はもったいない気がした。リーダーたちがたくさん考えてやってくれているから自分もリーダーたちの頑張りに応えられるように頑張る。
・リーダーも大変だと思うから，しっかり話を聞いて少しでも負担を少なくできるようにしたいです。

私は，数枚の取り組みシートを紹介した後で語りかけました。「今君たちが感じている悔しさや悲しさと同じ想いを感じている仲間は，君たちが思っているよりずっとこの学年の中にいると思うよ。そして君たちと同じような想いを持つ仲間が増えてきたことこそ，この２週間やってきたことの証なんだよ。この取り組みを通して学年が１つにまとまるということは，皆で同じ想いを持って，その想いを表現するということだ。もちろん今日の練習は決してよいものではなかったけど，このままでは終わりたくないと思っている仲間がいることがわかる機会になったとさえ思っているよ」。

ふと見ると生徒たちは涙ぐんでいましたが，涙を流すまいと懸命にこらえている姿が微笑ましかったです。その表情を見た私は，この取り込みの成果と本番の成功を確信しました。

❺『最高』の取り組みが『最高』の仲間をつくる

小雨交じりの中，体育祭が行われました。３年生の発表を待っていたかのように霧雨が止んだ一瞬の隙に，生徒たちは一斉にグラウンドに飛び出しました。和太鼓，南中ソーランの演舞が終わり，全体を総括したリーダー生徒がメッセージを伝えます。

「私たちは，新型コロナウィルスによる緊急事態宣言で，学校に来られない日が続いた４月に『最高』学年である３年生になりました。次々に延期や中止になる行事。緊急事態だから仕方がないと頭ではわかっていたけれど，私たちの本当の気持ちは『悔しい』『悲しい』という想いでした。何もかもを投げやりになりかけていた時，『みどりの実』の開催を聞きました。いつもとは違う体育祭，合唱がない収穫祭。それでも，最後の『みどりの実』に向けて，仲間と取り組めるという機会は本当にうれしい知らせでした。私たちにとって，仲間と共に活動してきた２週間は，３年間一緒に過ごしてきた仲間とのかけがえのない思い出を凝縮した時間になりました。いろいろなことを一緒に乗り越えてきた『最高』の仲間と共に，今まで培ってきた力を最後にもう一度披露したいと思います。みんな！　さぁ，行こう！」。

素晴らしい発表と取り組みを成し遂げた生徒たちが中学校を巣立った後も，学校生活は不自由な日々が続きました。もちろん，技術革新も行われ，新しい形で行事や授業も行われるようになりました。しかし私には，自粛という言葉で，本来生徒たちが経験すべき価値のある行事や教育活動までも中止や廃止にする雰囲気があるようにも見えました。

これからの時代を生きる生徒たちには，社会の創り手となることが求められています。そのためには，参画的な教育の経験が不可欠であることは間違いありません。生徒たちが自分たちの学びや生活の場をつくる取り組みが，当たり前に行える機会が増え，学校や社会に，自ら参画する生徒たちが増えることを期待して止みません。

第6章

参画的な学級の締めくくり

●班長会または生活班グループワーク
■アイデア＆アンケートラベル

001 後期のスタートを仕切り直しの機会にする

POINT
後期のスタートで学級の参画段階を確認し修正する

年度の折り返し地点である10月は，１・２年生にとっては来年度の新体制に向けた生徒会本部役員や後期学級役員の決定，３年生は学校のリーダーという襷を後輩たちにつなぎ，巣立ちの準備に入る時期でもあります。後期のスタートには，卒業式の日や修了式の日の学級をイメージし，ゴールまでの道のりをバックワードデザインで考えます。そして，いつまでに，どのようにして生徒の参画意識を高めるか，どんな課題を乗り越えさせるのかを生徒と共に計画します。

手順と TIPS

1 前期の終了前に，学級の現状や課題を捉える班長会グループワークを開く

TIPS 「課題」だけでなく，行事を通して身につけた「成果」についても確認しあうとよい

2 前期同様，アンケートラベル（p.19）を活用して学級役員を決定する

TIPS 事前にリーダー候補の生徒へ声かけをしてもよい

3 学級役員決定後，生活班や班長会で学級の状況や課題について話しあう
4 各係班を中心に，取り組みのキャンペーンや強化週間を設定して取り組む

参画力を高めるアイデア

参画的な手法を用いて学級づくりを進めると，学校祭や文化祭などの行事が終わる頃には，生徒たち自身で穏やかで落ち着いた学級の雰囲気をつくれるようになっているものです。しかし，行事はもちろん毎日の生活での生徒たちの頑張りや成果を明確にしておかないと，場の雰囲気を明るく前向きにする言動は，やがて自然と消えてしまいます。そこで，それらの成果を，日常生活につなげる必要があります。前期の行事や日常生活を通して，せっかく身につけた参画力をさらに高めるためにも，生徒と共に学級の成長とまとまりを確認しつつも，後期の生活での参画力の向上をめざしましょう。

留意点・工夫

３年生の場合，後期のスタート時期には，部活動や大きな行事を終えているので，学級の参画力の向上を実感できることが多いと思います。しかしながら，１・２年生はもちろん，３年生であっても学級の問題を解決できていないままでいると，生徒たちの中に諦めにも似たしらけた学級の雰囲気を感じることがあります。その場合は，後期のスタートを学級の参画力を高めるための仕切り直しのチャンスとして捉え，学級の状況を再確認し，後期に向けて立て直すことが必要になります。

黄金の３日間ほど大きなチャンスではありませんが，特に１・２年生は生徒会役員選挙などが行われて，学校全体でも活躍する場面が増えていきます。そこで，学級づくりに参画したいという想いを持った生徒たちの気持ちを上手に引き出し，修了式や卒業式の日に，どんな学級になっていたいかのイメージを明確にすることが大切になります。後期のスタートに，気分一新して頑張りたいという生徒たちの想いを，学級全体に広げていくきっかけとして，様々な動きを計画的につくっていくとよいでしょう。

002 進路実現を団体戦にするプロジェクト活動

POINT

進路・進級に向けたプロジェクト活動で参画力を高める

2学期も終盤に入り，冬がくる頃には，翌年度のことや進路に向けた意識が高まります。特に3年生は，3月にはそれぞれが希望する進路に進むことになります。しかし，それぞれ進路が異なるということは，受験の方法も時期も異なります。具体的に言えば，推薦入試などで，2月には進学先が決定する生徒もいれば，受験の合否結果発表前に卒業式を迎える生徒もいます。

もちろん，このような時期や選抜方法に段差が生まれてしまうのは，ある意味仕方ないことですが，せっかく高めてきた学級の参画意識が崩れてしまうのは，寂しいものです。

そこで，受験期やまとめの時期に生徒の学習や進路への意識と学級の参画意識や雰囲気が同時に高まる取り組みを紹介します。

手順と TIPS

1 学年全体で，「卒業［受験応援］プロジェクト」を立ち上げる

TIPS 進路決定した生徒を中心にメンバーを決めてもよい

2 卒業や進級への諸活動をプロジェクトチームが中心に行う仕組みをつくる

3 学級，学年で「学習」や「生活」を助けあう時間を確保する

参画力を高めるアイデア

団体戦で進路実現に向かうという考え方のベースには，個々人が異なる進路への壁を，全員でまとまって乗り越えようというねらいがあります。そして，まとまりをつくるために大切なのが，学級や学年，さらには，全校への参画意識の向上だと考えています。

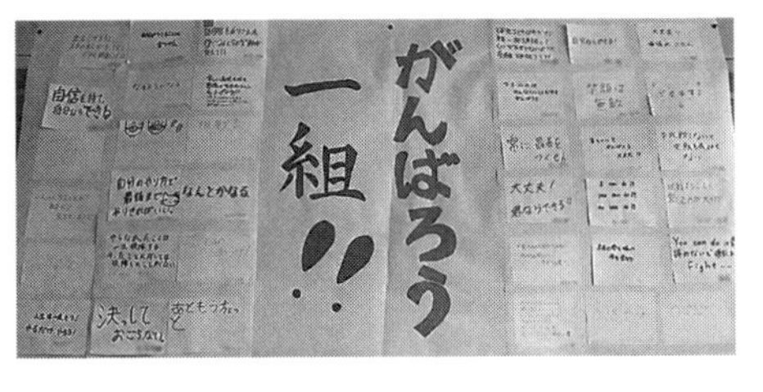

1・2年生にとっても，この時期は進級への意識が高まるので，成長する絶好の機会になります。

留意点・工夫

受験勉強に向けて，3年生を中心に緊張感が高まる時期は，同時に卒業に向けての作業や準備が重なる時期でもあります。受験を控えた生徒たちが，安心して勉強に集中できるような環境をつくるためにも，「プロジェクトチーム」を立ち上げ，仲間たちの応援をするとよいと思います。

3年生「卒業プロジェクトチーム」の役割
・卒業アルバム編集活動…アルバム写真の選定など
・文集編集活動…文集に掲載するアンケートや個人シートの企画
・学級・学年レク活動…学級・学年レクの企画・準備や運営等

1・2年生「歓送迎プロジェクトチーム」の役割
・歓迎プロジェクト活動…新入生体験入学時の生徒発表の企画・運営
・送迎プロジェクト活動…3年生を送る会や卒業式後の見送り企画
・学級・学年レク活動…学級・学年レクの企画・準備や運営等

●プロジェクトグループワーク ■コメントラベル

003 卒業への意識を高める「卒業プロジェクト」

POINT
「日めくりカレンダー」「メッセージづくり」の取り組みづくり

学級づくりの観点で考えると，１年間や３年間という長いスパンの積み重ねも重要ですが，ここでは，もう少し短期間の卒業までの１，２か月でできる「日めくりカレンダー」の取り組みを紹介します。日めくりカレンダーは，卒業プロジェクトのメンバーを中心に，企画，準備するとよいでしょう。日めくりカレンダーが，１枚また１枚とめくられ，それぞれに記された一人ひとりの学級へのメッセージが紹介されるたびに，生徒たちは，卒業式と学級が解散する日が近づいていることを感じることになります。

手順と TIPS

①日めくりカレンダーの用紙を用意し，残り日数のカウントをふる
②学級の生徒１人１枚ずつカレンダーを配付し，名前とメッセージを書く

TIPS 卒業プロジェクトのメンバーに，カレンダーの割り当てを任せると工夫して順番を考えてくれる

③１日１枚ずつめくり，めくったものは教室に掲示していってもよい

TIPS その日の製作者が，メッセージの意図を話してもよい

参画力を高めるアイデア

日めくりカレンダーには，「あと◯日」という日数の他に，学級へのメッセージを書かせるようにします。また，めくった後には，教室の壁に貼ることを生徒たちに事前に伝えると，学級の友達や教室，さらには教師への想いをしっかりと考え，想いを込めたメッセージを考えて書くようになります。

体育祭や学校祭では，当日はもちろん大切ですが，それと同じぐらい準備や過程を大切にするのが，参画的な学級づくりの発想だと考えています。このことは，卒業式でも同様で，行事や日々の積み重ねが，感動的な卒業式につながるのだと思います。

留意点・工夫

学級担任の立場としては，自分が学級の生徒一人ひとりを見てきたという自負があると思いますが，実際には，教科，部活動，委員会など，様々な場面で，まさしく学校全体で生徒たちを見てきたということを忘れてはなりません。私は，自分の担任した生徒には，お世話になった全ての先生がたへも，しっかりと感謝の気持ちを伝えられる人になってほしいと願っています。

そこで，プロジェクトスタッフの協力のもと，先生がたへの感謝の気持ちをメッセージカードにして送る活動を行っています。具体的には，生徒一人ひとりに先生がた全員分のカードを配付し，記入して提出させます。

色紙にすると，生徒全員に回るのに時間がかかりますが，カードにすることで，同時進行で作業が進みますので効率的です。書き終えたメッセージは，先生ごとに分けて提出させると，あとは表紙を貼って束ねるだけなので，あまり時間がかからず，素敵なメッセージカードができあがります。

●係班または生活班グループワーク
■アイデア＆アンケートラベル

004 来年度への決意を実感させる学級の締めくくり

POINT

「学級年表」や「学級重大ニュース」で俯瞰する力をつける

卒業式を控える３年生と異なり，１・２年生の場合，翌年度からも学校に通うこともあり，ついつい学級の締めくくりを軽視してしまいがちです。しかし，学級のメンバーが変わらない場合であったとしても，年度の締めくくりとして，生徒一人ひとりが１年間のまとめと翌年への決意を感じられる節目として大切にすべきだと考えています。

特に，学級に課題となる点が見られたり，人間関係のトラブルのために，学校に足が向いていない生徒がいたりする場合には，締めくくりの時期に，改善の兆しをつくり出すことで，翌年に向けてよい方向に動き出すことが期待できます。生徒が締めくくりの意識を高めることにつながる「学級年表」や「学級重大ニュース」のつくり方を紹介します。

手順と TIPS

①生徒に学級・学年の重大ニュースを３～５つ書くアンケートをとる
②学級か学年のリーダー集団と，ランキングや時系列でニュースを並べる

TIPS 道徳の時間を活用し，グループワークを行ってもよい

③学級・学年レクなどの際に紹介するか，通信にして振り返りを行う

参画力を高めるアイデア

学級年表づくりなどの活動のねらいは，個人というより学級・学年集団の課題や成長を明確にすることで，自分たちが行事や課題をどのようにして乗り越えてきたかを俯瞰し，実感させることにあります。このことは，事例や課題解決に向けた過程で，生徒一人ひとりが行った努力や，集団全体への働きかけを再確認することになります。すると，生徒たちは活動を通して集団全体の成長を感じることができ，翌年はさらに上を目指して成長していこうと，前向きな気持ちを持って学年・学級を締めくくることにつながります。

重大ニュースのアンケートをとる際には，最近のことだけを記入するのではなく，１年間を通した出来事や成果を書くように指示します。また，集まったラベルやアンケートをまとめる際も，ただランキングとして並べるだけではなく，それぞれのアンケートやラベルの陰に見える，生徒たちの努力や頑張りについても光が差すようにすることが大切です。

留意点・工夫

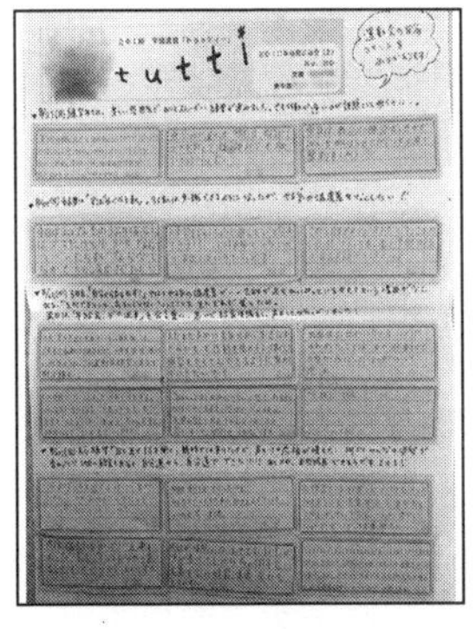

アンケートをランキング形式にするのではなく「１年間を振り返った学級（学年）の成長」というタイトルで，ラベルワークを行うこともできます。４～５人のグループで，１人３～５枚ずつ書いたラベルを使ってラベルワークすることで，生徒同士が語りあい，学級の成長に気づかせます。できあがったラベルワークは，全体で交流することで，学級全体に前向きな雰囲気をつくり出すことにつながっていきます。修了式後の帰りの学活の時間などに，学級目標とともに全員で確認して，来年度への決意を固める機会としてもよいでしょう。

▲参画意識

005 感動的に締めくくられる卒業式と最後の学活

POINT

感動的な「卒業式と最後の学活」で学級の参画力を実感する

卒業式の日を,「それまでの苦労が報われる日」と捉えたり,「担任業務からの解放」などと喩えたりする教師も多いと思います。担任として，生徒たちと最前線で向きあってきたことや，膨大な進路業務からの解放は，大きな達成感を与えてくれます。

同時に卒業式の日は，それまでの担任の学級経営の課題や成果を生徒から突きつけられる日でもあります。卒業式を台無しにしかねないような態度や言動で参加する生徒のために，最後の最後まで説教をして卒業式後の学活を終える教師がいるのもまた事実です。そこで，担任教師として，生徒たちや保護者と共に晴れの日を祝うための準備とシナリオづくりを紹介します。

手順と TIPS

1. 卒業式当日の学校全体の流れを確認する
2. 他の担任と歩調を合わせた方がよいので，最後の学活について交流する
3. 「餞の言葉」を考えて，準備をしておいてもよい
4. 伝えるべきことがまとまるたびにシナリオに記入し表を完成させる

TIPS **卒業式の前日までに，最後の学活の流れを生徒へ伝えるとよい**

参画力を高めるアイデア

卒業式の日は，すべきことも多く，いくら準備しておいても，しすぎるということはありません。生徒や保護者，教師にとっても感動的な卒業式と最後の学活を迎えるために，しっかりと準備をする必要があります。

感動的に締めくくられる卒業式と最後の学活のシナリオづくり

☑準備物　□学級通信　□生徒への配付物　□カメラ　など

時間	全体の流れ	ポイント
：	在校生登校	・生徒の巣立ちに相応しい身だしなみ ・教室環境などを準備・整備しておく
：	職員朝会	・遅刻・欠席連絡の確認 ＊不登校生徒については前日までに確認
：	朝の学活	・卒業式を「最後の授業」と位置づける
：	卒業証書授与式	
： ：	学活	・生徒一人ひとりからスピーチなど ・記念撮影→円陣を組んで解散

留意点・工夫

参画力が高まっている学級では，生徒たちや保護者がこちらの予想を上回るような企画をしていることもあります。その場合，担任の想定外のことが起きることもありますので，個人的には大切なことは卒業式の前に済ませてしまい，卒業式の日は，生徒たちとの別れを惜しむ日にしたいと考えています。学級の締めくくりとしておすすめなのは，学級全員で円陣をつくり，学級目標を全員で叫んで解散すると，１年間目標にしてきた学級の姿に，自分たちがなれたことを確認しあいながら，別れの時を迎えられます。生徒の学級への参画意識を肌で感じながら，感動的な時間を過ごしてください。

Column

教師の予想を上回る参画的な学級の卒業式

❶卒業式後の学活でのエピソード

感動的な卒業式が終わり，学級担任としての最後の務めを果たそうと，教室に駆け込んだ私は，唖然としました。いるはずの生徒が一人もおらず，教室が空っぽなのです。そして黒板には，「視聴覚室で待つ！」の走り書き。卒業式後は，30分程度で学活を終え，在校生が待っている廊下の前を通り下校させることになっていました。私は，少し焦りながら視聴覚室に入ると，そこには合唱隊形の生徒たちがいました。「あまり練習ができなかったので，合唱祭の日ほどうまくは歌えないけど，先生への感謝の気持ちを込めて精一杯歌います」というピアノ伴奏者の言葉に続き，生徒たちが合唱曲を歌ってくれました。私は，その合唱に涙しながら前日の学活を思い出していました。

❷卒業式前日の学活で

実は涙もろい私は，一度感情が昂ると上手にコントロールできないたちなので，生徒の前では極力泣かないようにしています。そんな私でも，さすがに卒業式の日には我慢ができずに泣いてしまうので，卒業式のシナリオ（p.140）を事前につくって準備し，言いたいことは前日の学活で話すことにしています。この時も「明日で君たちと別れると思うと，きっと大泣きしてしまうから，伝えたいことは今日先に伝えておく」と前置きし，生徒たちに２つ頼みごとをして話を終えることにしました。

１つは，すてきな人生を歩んでほしいという願いです。この世界は，大変なことが多いけれど，その大変さと同じくらい素晴らしいこともあるので，決して絶望せずにすてきな人生を歩んでほしいということを伝えました。

もう１つは，合唱祭の時に歌った歌を，もう一度聞かせてくれないかと前々から頼んでいたことをお願いしました。

❸「ちょっとそれは無理です」

正直，学級担任の最後の頼みなので，きっと快く聞き入れてくれると思っていたのですが，生徒たちは一瞬にして困惑したような表情に変わりました。そして，学級のリーダーの生徒を中心とした数名の生徒がひどく咳き込んでこう言うのです。「すみません，喉の調子が悪いので，ちょっとそれは無理です」。すると，その言葉を合図にしたかのように，学級の全員が一斉に咳き込みました。私は生徒たちのその姿を見て，しぶしぶ諦めることにしました。

❹教師の予想や想定を軽々超えてくれる生徒たち

合唱曲を歌い終わった後，生徒たちは口々に「先生を驚かせたくて，教頭先生にだけ許可をもらって合唱の練習をしていたんです」「私たちが今日のために合唱の練習していたことに気づいていなかったんですか？」「昨日の最後の学活で，先生に歌ってくれって言われた時には，どうしようかと正直焦りました」と言われて，合唱への感動とサプライズを企画しつつも配慮を忘れない生徒たちの両方の想いが嬉しく，二重に泣けました。

幸いなことに，私がこのように感動的な卒業式を迎えることができたのは，一度や二度ではありません。正確に言えば，その時々で企画や規模は異なるものの，毎回すてきなサプライズに胸を打たれ，翌日からの数週間を生徒ロスで過ごすことになるのでした。私は，そんな生徒たちの行動を後押しする原動力こそが，生徒たち自身の学級への愛着心や参画意識なのだと思うのです。教師の予想や想定を軽々と超える生徒の凄さに強く感動するたびに，学級担任の魅力にますます虜になるとともに，全ての学級担任に，こんな想いを知ってほしいと願わずにはいられません。

【著者紹介】

西林　慶武（にしばやし　みちたけ）

北海道登別市立幌別中学校教諭。

1973年千葉県千葉市生まれ，1998年武蔵大学人文学部欧米文化学科英米専攻卒業後，北海道礼文町立船泊中学校，同稚内市立稚内東中学校を経て，2012年から3年間，ベルリン日本人国際学校勤務。帰国後，稚内市立稚内南中学校，苫小牧市立緑陵中学校を経て，2022年から現職。

大学の教職課程で林義樹教授から薫陶を受けた参画理論を，中学校で活用する方法を模索し，ラベルワークとグループワークを活用した参画的な学級づくりを実践している。

<著書>

『目指せ！英語授業の達人18　コミュニケーション力アップ！最強の外国語活動ペア＆グループワーク41』

『目指せ！英語授業の達人15　生徒熱中！楽習英文法カルタ＆ゲームアイディア』

『目指せ！英語授業の達人12　授業が変わる！　最強の英語ペアワーク＆グループワーク25』

（いずれも明治図書）

ラベルワーク×グループワークでできる！
生徒が「参画する」学級のつくり方

2023年4月初版第1刷刊　©著　者　西　林　慶　武
発行者　藤　原　光　政
発行所　明治図書出版株式会社
http://www.meijitosho.co.jp
（企画）木山麻衣子（校正）丹治梨奈
〒114-0023　東京都北区滝野川7-46-1
振替00160-5-151318　電話03（5907）6702
ご注文窓口　電話03（5907）6668

＊検印省略　組版所　日本ハイコム株式会社

Printed in Japan　ISBN978-4-18-169619-1